第二季

從長安到羅馬

中央廣播電視總台 中國國際電視總公司　編著

中華教育

CHANG'AN
MEETS
ROME

羅馬

己里

那不勒斯
佛羅倫薩
威尼斯
奧林匹亞
雅典
帕特雷
卡蘭巴卡
依普薩拉
伊斯坦布爾
阿達帕扎勒
托卡特
卡斯塔莫努
特拉布宗
索契
納溫諾米斯克—阿爾馬維爾—邁科普—克拉斯諾達爾
五山城
阿斯特拉罕
埃利斯塔
哈薩克斯坦—庫利薩雷
阿特勞
努庫斯
布哈拉

霍爾果斯

塔什干

陝西村

阿拉木圖

烏魯木齊

吐魯番

奇姆肯特

撒馬爾罕

哈密

張掖

嘉峪關

蘭州

天水

敦煌

西安

FLORES.FIRMAT.SOL.
EDVCAT.IMBER.
AVREAM.DILIGE.
MEDIOCRITATEM.

CONTENTS 目錄

PART 2

城市奇觀

PART 3

時尚設計

PART 4

視覺藝術

PART 5

治國之道

CHANG'AN
MEETS
ROME

代　序

穿越古今絲路探尋
講述文明交融互鑒

唐世鼎

很高興我和我的同事從中國出發，飛越絲綢之路來到遠隔萬里的意大利，與大家相聚在美麗的羅馬。剛才觀看了《從長安到羅馬》短片，有瞬間穿越千年之感。

紀錄片是一個國家的相冊，也是一種國際語言，具有再現歷史、記錄現實、啟迪未來的功能，是傳播文化交流，促進民心相通的重要載體橋樑。

2019 年 3 月中國國家主席習近平成功訪問意大利。由中央廣播電視總台所屬中國國際電視總公司，聯合西安廣播電視台、北京愛奇藝科技有限公司等推出的百集 4K 微紀錄片《從長安到羅馬》，是中意雙方在「一帶一路」框架下取得的首個影視合作成果，也是中意媒體精誠合作奉獻給全球觀眾的一部佳作。

穿越古今尋根，致敬歷史文化。中國和意大利同是歷史悠久的文明古國，是東西方文明的傑出代表。對中國而言，絲綢之路是中國人最早了解世界、走向世界的窗口和通道，而絲綢之路的兩端就是當時的兩個世界大國——中國與羅馬帝國。歷時一年多，我們精心推出的紀錄片《從長安到羅馬》，聚

焦古都長安和古城羅馬，從以往和現實比較與穿越中，回顧厚重的歷史，講述塵封的故事，對中意兩國觀眾來說，是一次難得的文化尋根。

　　講述絲路故事，詮釋「絲路精神」。作為「絲綢之路電視國際合作共同體」成員間重點合作項目，我們把此片看作是詮釋以和平合作、開放包容、互學互鑒、互利共贏為核心的「絲路精神」的重要契機，着力從形式和內容，尋求突破創新。全片分為 10 個主題，邀請 7 名當代中國知名學者與十餘位意大利專家，圍繞經貿交往、文化形態、社會生活、城市建築、飲食起居等文明多個維度，跨越東西實地探尋，穿越時空深入對話，成為「一帶一路」倡議提出以來，中意雙方卓有成效的文化合作。我們堅持國際視角，精心打造文化產品，講述絲路故事，弘揚絲路精神。並進一步放大合作成果，將該片譯製為意大利語、英語等多種語言，在中國、意大利等亞洲、歐洲與非洲多國同步發行，帶領全球更多的觀眾，走入中意兩國文化交流的時空隧道，感受「一帶一路」在當代國際社會所煥發出的巨大魅力。

　　深化彼此「中意」，推動文明互鑒。習近平主席 2019 年 3 月訪問意大利前夕，在意大利《晚郵報》發表署名文章，倡議鼓勵兩國文化機構聯合拍攝影視作品，為世界文明多樣性和不同文化交流互鑒作出新貢獻。今天，《從長安到羅馬》在意大利落地發佈，正是我們踐行職責使命、推動文明交融互鑒的重要行動。兩千多年前，古羅馬詩人維吉爾和地理學家龐波尼烏斯多次提到「絲綢之國」，一部《馬可·波羅遊記》在西方掀起了歷史上第一次「中國熱」……拍攝中，我們不斷為中意自古以來的友好交往、文明交流所震撼與思考，怎樣才能用鏡頭展現一個個片段，用電視語言述說一段段歷史，讓該片成為兩國觀眾共同追捧的「中意」節目？為此，我們以精益求精的工匠精神，用心用情用力，反覆打磨，力求呈現給大家一部全新的 4K 紀錄精品。

在拍攝中，我們得到了意大利國家電視台等各界朋友的真誠幫助與支持，在此表示衷心的感謝。

2019 年恰逢新中國成立 70 週年，70 年來中國發生了翻天覆地的歷史性變化，一個更加開放的中國正敞開大門擁抱世界，歡迎大家到中國來！2019 年也是中意建立全面戰略合作夥伴關係 15 週年，2020 年中意兩國迎來建交 50 週年。意大利著名作家莫拉維亞寫道：「友誼不是偶然的選擇，而是志同道合的結果。」面對未來廣闊的市場空間和合作機遇，我們期待以此片為契機，開啟新時代中意媒體友好合作的新征程，結出更加豐碩的果實！

唐世鼎

中國國際電視總公司 總裁

（節選自 2019 年 7 月 18 日在羅馬舉行的百集 4K 微紀錄片《從長安到羅馬》發佈會上的講話）

序

絲綢之路的終點站—— 羅馬和長安

［意］阿德里亞諾·馬達羅

經過幾個世紀的努力，在位於古代世界兩端的意大利和中國之間，道路逐漸形成，文明、文化、宗教往來其間。這兩大文明沐浴了不同的陽光而各自走向成熟，吸納了不同的思潮、不同種族的表達而獲得獨特啟發，但在不知不覺中它們又互相尋找，沿着大篷車的路線邂逅相遇，互相比較，彼此渴慕。絲綢之路代表了地球上一端與另一端之間形成的廣闊空間，文明、文化和宗教在其中求同存異。如果用一個不那麼帶文藝氣息的現代術語來形容的話，那就是「全球化」。古代絲綢之路這條受到偏愛的路線，一路綠燈向前，這是因為人類本能地選擇挑戰孤獨，突破限制，力求極致。一個字，敢！

至少在絲綢之路形成的七八個世紀之前，斯基泰人已經開啟了商貿之路。在從中亞西北部向裏海遷移的過程中，他們是第一批將絲綢帶入西方的商人，而絲綢得到了古希臘人的青睞。這發生在羅馬建城之前很久。那時，裏海是已知世界的最邊緣，而對在此之外的東方——太陽升起的地方，西方人一無所知。之後，波斯商人壟斷了絲綢之路，羅馬人企圖通行卻屢試無果。羅馬人與帕提亞人之間激烈持久的戰爭也是為了爭奪絲綢之路的控制權，為了那唯一的目標——絲綢。可惜一切皆是徒勞。甚至早在公元前 1 世紀，漢人也嘗試過前往羅馬帝國，但是同樣無果。帕提亞人小心地控守着絲綢之

路，力求不落旁人之手，於是這條神祕之路又綿延百年，繼續連接着世界兩端——從黃河河谷到地中海。

要不是為了絲綢，羅馬人絕不可能一直惦記着這條神祕之路。為了採購香料，尤其是胡椒，羅馬人已經成功地開通了前往印度的航線，途中未遇阻攔。羅馬人通過帕提亞人而接觸到絲綢，到達中國最保險、距離最短的路線無疑便是陸路。對此，中國古代歷史學家給我們留下了確鑿的文獻。閱讀相關文獻，我們可以得知，羅馬的問題在於無法直接購買生絲，因為他們想自己製造織物。而帕提亞人卻不賣紗線給羅馬人，而是出售他們自己生產的織物，通過這種方式來提高商品價格，獲得更多利益。因此，不難想像他們為何極力反對羅馬與原材料生產地——漢王朝直接接觸。另外，羅馬人並不明白絲綢是種甚麼產品，他們沒想到絲是由蠶吐出來的，而以為它是由某種樹葉的絨毛製成的植物紗。

從中國歷史學家那裏，我們還了解到帕提亞人如此小心提防的原因：他們不如羅馬人善於加工織物，擔心一旦羅馬人能直接從原產地購買生絲，就不再從帕提亞購買絲織品，他們便丟掉了這些「客戶」。當時歷史學家的記載中，我們知道羅馬人「非常渴望能從中國直接購買生絲，因為羅馬人非常善於加工絲綢，他們在染色方面也更強，染出的顏色更鮮豔絢麗。因此，他們更希望能從原產地購買絲綢，用自己的方式生產織物，而不是從帕提亞人或者裏海附近其他民族那裏購買絲綢成品。」

羅馬與帕提亞帝國幾百年來的戰爭都是由絲綢引起的，羅馬人始終想要在絲綢之路上自由通行，進而前往漢王朝。在多年的戰事裏，羅馬最慘烈的一次敗仗是發生在公元前 53 年的卡萊戰役，羅馬軍團的將領克拉蘇在這場戰役中殉難。

絲綢之路也因這些兩千多年前的往事而顯得愈加神祕，它的傳奇與遙遙千里之路程、人與自然所增添的磨難交織在一起。但不管怎樣，文明已經沿着這條路啟程，最終任何軍事力量都無法阻止。與通過武力人為阻隔相反，在隨後的很長一段時間裏，所有跨越歐亞的地區都有意保障絲綢之路的安全並持續開拓其路線。由此，絲綢之路存在了將近 15 個世紀，直到它不再擁有商業優勢，而海路變得更加安全。

但無論如何，歷史已經賦予了它足夠的傳奇色彩——絲綢之路開拓之初的宏偉磅礴氣勢傳承了下來。從一開始，絲綢之路就代表着人類打破蒙昧、恐懼、未知和孤立無援狀態的意志。空間上的連接演變成時空上的對話，那便是人類交流的願望。沒有甚麼能夠阻止人們走上絲綢之路的堅定信念。帕提亞人和羅馬人之間的戰爭終將結束。與絲綢之路所展現的宏大視野相比，死守邊界的理念也終將會被時代淘汰。

其實，羅馬人早已想到開闢一條位於更北方位的新路來克服重重障礙。他們本想從達契亞（今天的羅馬尼亞）出發，穿越現在的俄羅斯和哈薩克斯坦，從新疆的高原牧場進入中國。這是個好主意，但是由於蠻人入侵迫在眉睫，羅馬的軍事戰略家們認為應該聯合軍力，保衛受到威脅的帝國，因此尋找新路的計畫被迫終止。也許羅馬人設想的那條新路將會使他們大獲成功：新路將縮短行路時間，並消除綿延的山脈和無盡的沙漠所帶來的大部分危險。那條新的「羅馬絲綢之路」本可以是一條「更直接」的路線，經庫車、吐魯番和敦煌，連接北方商隊的線路樞紐，更快地到達甘肅走廊，繼而到達黃河，最後抵達長安。

「長安」！這個神奇的詞照亮了車夫的臉龐。充滿傳奇故事的富饒之都

長安——四面城牆拱衛的大都市、世界的中心，混居着各色人種，充滿冒險精神，也瀰漫着貪婪的氣息。人們從這裏開始了通往遙遠地中海沿岸的偉大旅程。來來往往的商隊匯集在西門內西市的大廣場上，熙熙攘攘的商人和冒險家在眾多等待出發、溫順馴良的駱駝間紮營。在他們面前展開的是未知而野蠻的「西域之地」，在那兒可能埋伏着心思叵測、無法無天之徒，可能散佈着大自然的重重阻礙，這使得他們須花上數月甚至數年時間勇敢地前進，始終朝着日落的方向才能到達目的地。

商隊出發了，他們將命運交給上蒼，或更簡單地交給某顆幸運星。那些從中國內陸出發前往西域的人，面對未知的太陽落山之地往往感慨萬千，唐代詩人王維唱出了他們的心聲：

勸君更盡一杯酒，西出陽關無故人。

長安先後成為漢代和唐代的首都。在唐代，長安是當時世界上最大的城市，也是最具國際性的城市。長安，作為絲綢之路的起點站和終點站，在近一千年的歷史歲月中是最令東西方商人們垂涎的目的地、美食之地，是對那些成功克服上萬公里路途的阻隔，翻越沙漠、山川、牧場和大草原，穿過廣闊而荒涼土地的人們的褒獎，因為他們為到達這裏至少要花上三年的時間。

東方之龍在其雄心勃勃的壯思中，想像羅馬帝國是「偉大的西方中國」：西部荒蕪的沙漠和不可翻越的山脈，這些其實是東方帝國版圖的寫照，是中央之國（中國）沿着其文明的搖籃——黃河流域出發而建立的想像圖景。

而在世界的另一端，鷹之帝國羅馬對東方的塞里斯國（拉丁文，意為

絲國）有更為準確和客觀的認識，那裏出產神祕的絲綢並在羅馬按等量黃金的高價出售，極具商業價值。

　　儘管幾個世紀以來兩大帝國相互尋找以求相遇，但這古代世界的兩大文明之國卻未曾真正見面。在向東方進軍時，儘管絲綢在不斷地召喚，羅馬軍團卻始終沒能越過美索不達米亞平原。而另一端的中國，也從未進軍以抵達地中海神話般的海岸。羅馬出產的玻璃令中國着迷，但這沒能成為她向西方發起征戰的理由。古往今來，東方帝國更注重自我傳承。而在遙遠的西方，人們對中國文學或者對形而上學也很有興趣，他們想要接近她，很多時候並非出於實際的政治或商業需要。

　　總之，羅馬和長安在很長一段時間裏都被公認為是兩個文明的終點站——西方的羅馬帝國和東方的中華帝國。兩千年後，地球上的這兩個端點仍然代表着人類文明的兩個終點，代表着兩種不同思想文明的邂逅相遇、相互理解、相互尊重。今天，我們攜手建立嶄新的友誼，翹首期盼兩個文明的象徵——羅馬鷹和中國龍真正相遇。

CHANG'AN
MEETS
ROME

CHANG'AN
MEETS
ROME

品味東西

于賡哲，陝西師範大學歷史文化學院教授，博士生導師，曾參與錄製央視《百家講壇》，著有《她世紀——隋唐的那些女性》《隋唐人的日常生活》等著作。

講述人　于賡哲

01 火熱的長安與高冷的羅馬

西安是一座了不起的城市，美食更是獨樹一幟。也許很多人並不清楚，今天我們品嚐的這些美食，其實都是千百年來文明傳承的味道。無獨有偶，意大利美食同樣譽滿天下，可以說，正是古羅馬人的廚藝，從古代傳到今天，構成了西餐的基礎。

我愛美食，但我並不是美食鑒賞家。品嚐各種各樣的食物的時候，我更喜歡透過舌尖的歡愉，去探索不同民族的文化與性格。這一次，我將帶着長安的味蕾，去嚐一嚐絲路另一端羅馬的滋味。

有美景的地方，絕對少不了珍饈美饌。在羅馬美麗的納沃納廣場，我來到一家米其林餐廳。坐在室外正對廣場的座位上，面對琳瑯滿目的菜單，真有點不知從哪裏開始才好，還是選一個主廚套餐吧。餐廳主廚亞歷山德羅·切爾切洛先為我上了一道冷盤，他告訴我，這是開胃菜，後面的主菜是典型的羅馬菜，他要親自做給我看。對於習慣了熱食的中國人來說，此時難免會產生疑問：在露天的環境裏，這道菜難道不怕冷掉嗎？

意大利人的飲食傳統，源自古羅馬人創造的美食理念，這種理念的精髓，就是精緻簡約，口味鮮醇，在加工過程中，要盡量保持原料本身的口感，所以他們的烹調都採用文火，即使煎炒烹炸，也只是點到為止，不會破壞

食物原本的味道。所以，在這裏，無論是美食還是烹飪方式，都不會太過火熱。了解了這樣的飲食傳統與背景之後，再來品嚐意大利美食，就會有不一樣的體驗。仔細品味一下，確實能夠感到食物本味的純正。

主廚還告訴我，要享受意大利的美食，最好是坐在室外，這樣食物才能快速降溫，如果食物太燙，反而會麻痺味覺神經，那樣菜品就不好吃了。而且，坐在室外，一邊享受美食，一邊欣賞美景，真的是賞心悅目的惬意之事。原來，對於食物來說，冷有冷的道理。羅馬人的飲食，並不是不重視溫度，而是對溫度有着與眾不同的特殊要求。學會品嚐這樣的風味，才算開始對羅馬有了初步的了解。

與羅馬相比，西安的美食稱得上由內到外的火熱。

永興坊原來是唐代魏徵府邸舊址，後來被改建成展示古長安城傳統民俗的休閒文化街。這裏匯集了陝西各地的特色美食，堪稱美食的天堂，一年四季座無虛席。在這裏的廚房，大廚手裏的炒鍋在紅彤彤的火苗中上下飛舞，那些熱騰騰的食材也在鍋中不停地翻滾。中國的廚房就是這樣，主題永遠是紅紅火火的。自古以來，中國的廚師就是御火的高手，準確地把握火候，是成就中餐烹飪方式的基礎。千百年來的長安風味，可以說都是烈火的結晶。

經過廚房裏熱熱鬧鬧的一番忙碌，飯菜上桌了。此時，那股熱乎勁兒，已經由碗碟之間傳到人們的心裏。在中國人的餐桌上，不管

人多人少，都一定要圍坐在一起。對於中國人來說，吃飯，要的就是這種熱鬧的氣氛。

中華美食口味豐富，變幻無窮，但中國人最重要的飲食傳統卻是亙古不變的，那就是，一頓飯要吃好，就一定要吃得熱氣騰騰。這種對熱食的追求，或許源自一種健康的理念，比如說，中醫認為，人的五臟六腑都是喜溫不喜涼的。同時，這種熱，也是一種情感的傳遞，就像中國傳統禮儀教會我們的那樣，熱菜熱飯待客，才能暖心又暖人。

總而言之，中餐的理念是萬物皆可改變，講究的是精細的加工，無論甚麼樣的食材，其精華都必須通過相應的烹調，才能真正地萃取出來。而西餐講究以不變應萬變，烹飪是為了襯托食材本身的鮮美，大自然饋贈的那份風味，才是最為重要的。從長安到羅馬，表面上看起來，食物的口味有着天壤之別，但事實上，兩種飲食觀念卻殊途同歸。不同口味的背後，都有着對於極致美味的共同追求。為了滿足挑剔的味蕾，不論在東方還是在西方，人們都會不遺餘力。如果您也有一顆食不厭精的美食之心，那麼，這樣一趟遍嚐東西美味的文化之旅，您一定不想錯過。

🐫 西餐始祖

意式西餐源自古羅馬時期。羅馬帝國是當時歐洲的政治、經濟和文化中心，隨着帝國的強盛，羅馬的餐飲文化也被傳播到歐洲各地，並由此發展出西餐的多種派系，因此，意式西餐也被稱為西餐始祖。意式烹調崇尚自然，注重原料的本質，講究火候的運用。意式菜餚多以海鮮為主料，輔以肉類及蔬菜，麵食花樣繁多，意大利麵、薄餅、奶酪，都是享譽世界的意大利美食代表。

《文會圖》是宋代繪畫名作，由宋徽宗趙佶與宮廷畫家共同創作，現收藏於中國台北故宮博物院。趙佶（1082 年 -1135 年）作為皇帝平庸無為，但作為文人，在詩文書畫方面的成就卻相當出眾。《文會圖》描繪了北宋時期文人學士品茗雅集的場景，畫中人物姿態生動，園景描繪細膩講究，充分表現出宮廷畫作精緻明淨的風格，是中國人物畫工筆重彩的典型作品。

02 生與熟的極致追求

說起對於羅馬美食的印象，我的腦海中總能浮現出一個詞——無肉不歡。肉食的種類和烹飪方法很多，那麼，究竟甚麼樣的肉，才能被意大利人奉為珍寶呢？為了探索意大利人對肉食的極致追求，我來到了羅馬的弗拉斯卡蒂，一座藏匿於亞平寧山脈之中的高山小鎮。

走在這裏的街道上，追隨着空氣中彌漫的肉香味，我找到了一家店鋪。這家看似十分平常的店面，其實是遠近聞名的百年老字號。和店主互致問候之後，我告訴他，我聽說這裏有一種肉非常有名，所以想來看一下。店裏掛滿了各種各樣的肉食，店主如數家珍地說出了一堆對我來說似曾相識的名字。看着這些琳瑯滿目的美味，我真不知道該先嚐哪個好了。店主告訴我，他們這裏的特產是羅馬城堡鑽石級的火腿，這是一種國家級的火腿。在他們這裏，國家級的火腿是價值最高的，其中品質最好的就是「羅馬城堡鑽石」。

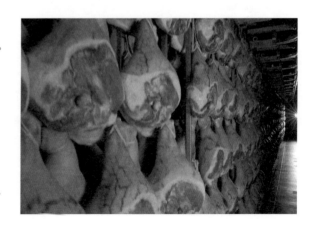

對於最上等的火腿，意大利人一直採用手切薄片的方法來加工，他們相信，只有這樣，才能讓火腿更好吃。

這種火腿肉質細膩，香氣撲鼻，嚐過一口之後，還會讓人忍不住想吃第二口。吃過之後，我才知道，我剛剛品嚐的，是他們最引以為傲的生火腿肉。這麼美味的火腿居然是生的，這讓我完全沒有想到。

對於意大利人來說，火腿並不是簡單的生肉，而是相當精細的高檔美味。相傳在古羅馬時代，這樣的火腿曾經是專供貴族享受的珍品。在出土的古羅馬錢幣中，人們甚至可以看到印有火腿圖案以及火腿形狀的錢幣，由此可見，這種火腿的歷史是非常悠久的。

意大利火腿的加工過程是漫長而繁瑣的。首先，製作這種火腿，必須採用特定品種的豬，這些豬吃的飼料都是精挑細選的。製作火腿的時候，要選取最好的前腿肉，進行撒鹽醃製等若干道特殊的加工，最後還要在專門的山洞中風乾至少兩年，這樣才算真正成熟。難怪這種國家級火腿在今天的產量也十分稀少，堪稱貴比金銀。成熟的火腿，切片之後薄如蟬翼，非常好吃。可以說，火腿的生是一種別出心裁的極致加工，不僅經得起時間的磨礪，還能保持優質食材最天然的美妙口感，以至於無需烹飪，就可以自然呈現美味。這種至真至純的生，正是意大利人對於肉食的極致追求。

相比之下，古都長安的肉食所追求的又是甚麼呢？在西安的永興坊，廚師為我端上了一道酥脆飄香的佳餚，這就是西安的葫蘆雞。據說它是從唐代傳下來的。這道貌似平常的菜，其實隱藏着中國人獨特口味的祕密。

製作葫蘆雞，需要桂皮、花椒、豆蔻、草果等許多調料，而且需要長達八個小時的醃製時間。在中國人的廚房裏，美味佳餚的誕生，常常具有

一種儀式感。為了達到好吃的終極目標，再複雜的工序也值得嘗試。葫蘆雞恰好就是這樣的一道菜。

我在廚房裏觀察着廚師的操作，看着一隻雞被各種調料浸潤，雞皮變得光滑飽滿。在完成了漫長的準備工作後，等待着雞肉的，就是複雜又徹底的熟製過程。

雞下鍋之後，先用鹵湯水煮，煮到所有香味都深入骨髓。然後，還要用蒸汽蒸，蒸到肉質鬆軟，富有彈性，最後，還要掛糊油炸，炸到通體金黃，酥脆飄香。這樣複雜而細緻的反覆加工，才是中國人眼中一道大菜區別於普通小吃的根本所在。

其實，把飯做熟並不難，中國人在烹飪上花費的時間與精力，體現的其實是東方飲食文化中的敬畏之心。下足功夫，追求品質上的極致，是對大自然饋贈的食材的尊重，更是對每一個食客的尊重。所以，東西方的飲食文化中，雖然生熟有別，但對於美食的極致追求，卻是殊途同歸的。

意大利製作火腿的歷史，可以追溯到古羅馬時期。在意大利，火腿有生熟之分。熟火腿醃製時間比較短，不需要長時間風乾處理。生火腿的製作則需要經過複雜的工藝和時間的沉澱，過程比較繁瑣。意大利生火腿中最為著名的是帕爾馬火腿和聖丹尼火腿。這種火腿經過一年以上的發酵風乾，生肉中的有害微生物已經大大減少，可以切薄片直接食用，肉質柔嫩細膩，具有甘甜的香氣。

03 家的味道

走遍天涯海角,遊子們心中揮之不去的,永遠是家的味道。今天,我應邀來到羅馬的一戶人家,想來看看,一直以來中國人感覺似曾相識的意大利餃子,是否隱藏着意大利人的鄉愁。

女主人盛情邀請我走進了她的廚房。她已經準備就緒,很快就開始熟練地做起了餃子。我看到,女主人和麵時沒有用水,用的是雞蛋。用雞蛋和麵,吃起來應該比較滑,而且比較香。在中國,包餃子的麵團要反覆揉搓,簡單地說,就是麵團需要一個擠壓的過程。在意大利,人們一般使用壓麵機,和揉麵團的作用是一樣的。經過壓麵機的擠壓,麵片變得又薄又長。在我看來,這個程序和中國的壓麵片或擀餃子皮是很相像的。

傳說早在中世紀,意大利就有了餃子這種美食,而且一直延續到了今天。如今,意大利餃子的口味已經數不勝數。現在女主人要給我們做的,是地道的羅馬味道。女主人準備的餃子餡料裏有里科塔奶酪和菠菜,還加上了帕爾瑪乾酪,準備好之後,她開始攪拌,把這些餡料混合在一起。

我曾經在書裏讀到過，在意大利，包餃子這門手藝是傳女不傳男的。在一個家庭裏，這種技藝由外祖母傳給母親，母親再傳給自己的女兒，而家裏的男人們只能靠邊站，因為這道菜是女主人廚藝的秀場。

如果說意大利人和麵拌餡的配料讓我感到新奇的話，那他們包餃子的方法，真的是讓我大開眼界了。只見女主人把一團團餡料均勻地分佈在麵片上，再把另一條麵片蓋在上面，用手指壓住，然後用滾刀裁掉旁邊的麵皮，一個個方餃子就這樣呼之欲出。這種餃子，外形看起來像郵票一樣。用不同的模具，還可以製作出圓形或其他形狀的餃子，這種方式，看起來還是蠻高效的。

意大利的餃子並不是特殊的節日美食，但它是最地道的家庭風味。餃子煮熟後，與紅彤彤的番茄搭配在一起，不禁讓人垂涎欲滴。此情此景，讓我思緒萬千。雖然對我來說，這種口味很陌生，但當餃子端上來的時候，我在這些意大利人的臉上，看到了熟悉的滿足和幸福。這種食物，果然是屬於他們的家的味道。難怪意大利人常說，不論身在何處，只要吃一口餃子，彷彿就能看見故鄉的美景和母親的身影。這句話，讓我在羅馬想起了長安。

對於很多中國人而言，家的味道都離不開餃子。但在長安包餃子，無論方法還是氛圍，都與羅馬完全不同。

我來到西安的一戶普通人家。女主人熱情地告訴我，家裏今天剛好包餃子。很快，我就和他們一起忙活起來。我告訴他們，我在家裏也包餃子，和我太太一起配合，她包餃子我擀皮。現在，在外面吃飯確實非常方便，但總覺得和在家裏吃飯的感覺不一樣。像現在這樣，大家坐在一起，一邊

說話聊天，一邊包着餃子，就會覺得有家的感覺。

　　在中國，包餃子不僅是一門手藝，還是全家人溝通感情的渠道。全家男女老少圍坐在一起，其樂融融地包着餃子，不論那餃子是甚麼餡料，都能吃出家的滋味。這種具有儀式感的過程，本身就象徵着家庭團圓的幸福。餃子裏包含的，有父母的言傳身教，也有子女的一片孝心。女主人告訴我，她家在媽媽還活着的時候，每到週末，五個姐妹都會回來，全家人坐在一起包餃子。現在想想，那就是家的感覺，也是媽媽的味道。

　　與作為家常美食的意大利餃子相比，中國人的餃子除了作為日常食物之外，還是傳統節日必不可少的象徵，寄託着人們美好的祝願。「上車餃子下車麵」，代表平安、思念；「不吃餃子凍掉耳朵」，代表健康、笑顏；除夕夜吃餃子，代表除舊迎新、幸福延綿。所以，每個中國人都少不了與餃子有關的共同記憶。從長安到羅馬，兩種餃子，一種情愫。不同的味道，都會讓人想起溫暖的家。

🐫 意大利餃子

意大利餃子是意大利的一種傳統食物，以雞蛋和麵的麵皮包裹肉類、奶酪或蔬菜製成，品種很多，其中以 ravioli 和 tortellini 最為著名。因為這種麵點的形狀以及包餡的方式與中國餃子很相近，所以被中國人稱為意大利餃子。ravioli 是正方形，用合在一起的兩張麵皮包住中間的餡料；tortellini 則繞成環形，形狀類似中國的餛飩。意大利餃子煮熟後，一般搭配各種醬汁食用，口味比較豐厚。

🐫 中國餃子

餃子是中國民間的傳統食物，歷史悠久。在北方，餃子是主食，也是年節食品，在南方，還有作為小吃的蝦餃、鍋貼等不同種類的餃子。餃子用麵皮包餡，餡心可葷可素，原料營養豐富，符合中國飲食文化特點。春節吃餃子，是中國人特有的民俗傳統，取「更歲交子」之意，因此每逢農曆新年，尤其是在北方地區，家人聚在一起包餃子、吃餃子，成為必不可少的年節活動。

04　麵條東西

西安人愛吃麵條。要了解西安人對麵條的熱愛,我們先從一個字說起。

西安美食宣傳推廣大使杜合兵帶着我走進一家麵館。在麵館的招牌和店裏的牆上,我們都能看到一個字。這個字很難寫,讀音更是奇怪,它唸 🫓 (biáng)。然而並不是所有的麵,都能用這個字來形容。這個字代表的,其實是一種嚴格的工藝標準。在現代漢語當中,我們肯定找不到可以替代這個字的其他字。那麼,這個字的來源究竟是甚麼呢?杜合兵告訴我,這個字其實是一個象聲字,代表的是扯開的麵在麵板上敲打的聲音。

關中平原自古盛產小麥，麵食一直是陝西人餐桌上的主角。雖然麵食的做法五花八門，但無論怎樣加工，追求的都是一個筋道。總體來說，西北的物產沒有南方那樣豐富，因此，陝西的各種小吃都有一個共同特點，就是深加工，也就是把食物本身最深刻的味道挖掘出來。

邐邐麵的麵條不寬不厚，不薄不硬，包含着陝西麵食最基本的特徵。不過，這與廚師的手藝有着很大的關係。在廚師的指導下，我也嘗試了一下製麵的過程。廚師告訴我，拉麵皮的時候，需要先把麵拉出一定的長度，這樣才能甩起來。麵片被抻長之後，要在案板上反覆摔打，再反覆拉伸，通過不斷重複，均勻發力，一根根韌性十足的麵條才被創造出來。這種古老的扯麵手藝，把麵粉的延展性發揮到了極致，創造出了爽滑彈牙的絕佳口感。這種麵煮熟之後，只要用鹽、油、辣椒等調料簡單調味，就能讓人一飽口福。這是因為陝西人對於麵條本身品質的注重，遠遠超過了其他附加的東西。

杜合兵告訴我，陝西人吃麵有講究，三厘米寬，一米八長的麵，要一口吃完。對於陝西人來說，所有的鄉愁，都在這一碗麵裏。陝西是中華農耕文明的發祥地之一，麵條的歷史源遠流長。一碗邐邐麵，走過了千百年，承載的是陝西人世世代代對黃土地最質樸的情感。

意大利也是一個酷愛麵條的國家。意大利麵歷經千年的發展，已經出現

了五百多個不同的品種，其中的很多品種風靡全球。意大利人為甚麼這麼愛吃麵呢？要解開這個祕密，先得從意大利麵的製作入手。

在羅馬街頭，意麵作坊隨處可見，這些作坊的感覺很像中國的糧店。在一家店裏，新鮮的意麵正在向我們展示着意大利麵配方的特點。店長帶着我參觀了意麵的製作過程：麵粉、水和雞蛋一起不停地攪拌，然後用另一台機器把已經混合均勻的麵壓實，再做成麵條。店長告訴我，意大利人之所以會用很多雞蛋來和麵，就是因為他們喜歡更有彈性的麵條。這樣的麵可塑性強，既能做出各種造型，口感也更筋道，有嚼勁。在這一點上，西安和羅馬還真的很相像。

麵條已經有了，那麼，意大利人烹飪麵條的方法裏，又藏着怎樣的故事呢？在中國人的印象裏，意大利麵是離不開番茄醬的，可餐廳老闆彼得·萊波爾卻說，去看了他的後廚就會明白，事實並非如此。

老闆帶着我走進了廚房。他告訴我，僅僅在羅馬本地，麵條的做法就有上百種之多，不論是蔬菜、奶酪，還是肉類、海鮮，都可以和不同的麵條一起烹飪，味道極其豐富。原來，意大利人對於麵條的熱愛，正是由於這種美食從不單調。無論面對甚麼樣的食材，總有一種最適合的麵條，可以與食材一起創造出最完美、最和諧的好味道。所以，與其說意大利麵是一種美食，不如說它是一套包羅萬象的美食系統，是萬千美味的絕佳載體。

從一個麵條之城來到另一個麵條之都，這種奇妙的經歷讓我感慨良多。雖說小麥原產中亞，但是絲路兩端的長安和羅馬，卻同樣把它變成了傳承千年的美味。這讓我這個吃麵條長大的西安人，對羅馬不再陌生。

𰻝𰻝（Biángbiáng）麵

𰻝𰻝麵是陝西關中地區的傳統麵食，因製作過程中麵皮打在案板上發出的聲音而得名。製作這種麵，要用關中特產的小麥粉，用手工拉成長寬厚的麵條。麵條煮熟後，用醬油、醋、花椒等作料調入麵湯，撈入麵條，加上辣椒麵、蔥花等，淋上燒熱的植物油，拌勻之後就可以吃了。𰻝𰻝麵是陝西麵食的代表，對於陝西人來說，這是最能代表家鄉的味道。

意大利麵

意大利麵是意大利的特色主食，採用高密度、高蛋白質、高筋度的杜蘭小麥製作，十分耐煮，口感有韌性。意大利麵種類繁多，除了常見的直麵之外，還有螺旋、彎管、蝴蝶、貝殼等多種形狀，配上不同的醬汁，可以組合成上千種麵食。拌麵醬汁是意大利麵的靈魂所在。基本的醬汁可分為紅醬和白醬，紅醬以番茄為底，白醬則以牛奶及奶油為底，此外，還有用香草調配的青醬等。如今，意大利麵已經成為遍佈世界各地的美食。

05　不可或缺的味道

〰〰〰〰〰〰〰〰〰〰〰〰〰〰〰〰〰〰〰〰〰〰

　　一把辣椒麵，一勺滾油，這是西安人對美食的期盼。撲鼻的香味瀰漫在家家戶戶的餐桌上，他們的味蕾就這樣被喚醒。在這裏，可以沒有雞鴨魚肉，也可以沒有蔬菜瓜果，但絕對不能沒有油潑辣子。中國嗜辣的地方很多，那麼，西安的辣子究竟有甚麼不同呢？

　　在西安人眼中，並不是每一種辣椒都能叫做辣子。我來到一間專營辣椒的店鋪。這裏門面雖小，卻門庭若市。西安美食宣傳推廣大使杜合兵告訴我，店鋪裏的辣椒一看就是秦椒，也就是陝西興平和寶雞一帶特有的辣椒，這種辣椒皮厚，油大，籽多。其實，如果論辣度，很多地方的辣椒都比陝西辣椒辣得多。所以，辣並不是陝西辣子的特點，陝西人看重的，是辣椒的那股香味。這樣的香味，就藏在辣椒籽裏。

　　通過對簡單食材的細緻加工，來創造一種更為豐富的味覺，可以說是陝西的飲食傳統。在辣椒麵的製作過程中，無論是碾、磨還是篩、搗，每一道工序其實都是在提煉辣椒的香味。經過反覆的壓榨研磨，這種獨特的香味就會從辣椒本身單一的辣味中脫穎而出。對於我來說，碾辣椒麵曾經是兒時的記憶。碾過的辣椒，要搗成細細的粉末，必須把辣椒籽搗得看不見了為止。一切準備就緒，才到了最關鍵的時刻。滾燙的油澆在加工好的辣椒麵上，碎辣椒與熱油充分融合，最具精華的香味就被萃

取出來，這就是陝西人最愛的辣子。這種隨着空氣被無限放大的誘惑，不禁讓人垂涎三尺。

對於陝西人來說，油潑辣子本身就是一道菜。沒有其他菜也不要緊，只要有辣子，飯就照樣吃。店員讓我們品嚐了剛出鍋的熱蒸饃。熱騰騰的軟饃，夾上撒了鹽的油潑辣子，真的是太香了。陝西人愛吃辣子，似乎是命中注定的事情。對於我來說，無論何時何地，吃上一口辣子，都是身體和心靈最享受的時刻。

我來到意大利的時候，發現那裏同樣有一種東西，讓羅馬人感覺一天不吃就活不下去，這種美味就是奶酪。

在一家店裏，店員給我端出了一塊堪稱鎮店之寶的奶酪。雖然以前我對奶酪並不是很感興趣，但是面對如此盛情的款待，誰又能說不呢？沒想到，這看起來並不特別的奶酪，味道鮮美，奶香醇厚，完全沒有我擔心的腥臭味。我不禁好奇，這種顛覆了我的認知的美味，究竟有甚麼神奇之處呢？

早在古羅馬時期，亞平寧半島就是世界一流的奶酪產地，千百年來，這裏的奶酪聲名遠播，其中最著名的，莫過於奶酪之王——馬蘇里拉。

我來到馬蘇里拉奶酪的發源地坎帕尼亞。馬蘇里拉的不

同尋常，首先在於它的原料。坎帕尼亞的水牛奶堪比軟黃金，專供歐洲王室。它的脂肪和蛋白質含量都比普通牛奶高出很多倍，品質十分出眾。而且，當地人製作奶酪的方法，也是獨一無二的。

經過處理的牛奶，會凝結成許多奶塊，但這些奶塊並不能直接利用，而是要切成許多薄片。隨後，神奇的一刻就出現了。這些牛奶的薄片被放在熱水中持續攪拌，去除雜質，很快，這些薄片又重新成為一體，變成渾圓的一大團。再經過冷水凝結，手工造型，新鮮的馬蘇里拉奶酪就誕生了。

新鮮奶酪的味道非常好，但是，對於當地人來說，奶酪的製作遠沒有完成，他們還有更多方法讓奶酪的口味不斷升級，比如說煙熏、風乾，或者長時間地發酵。悠久的畜牧業傳統，讓奶酪成為意大利人離不開的美味。就連我這個中國人，現在也對這種美味樂此不疲了。

如果說香噴噴的辣子代表了長安人的口福，那麼濃郁的奶酪就代表了意大利人愜意的享受。這兩種各具特色的味道，構成了東西方獨特的味覺記憶。

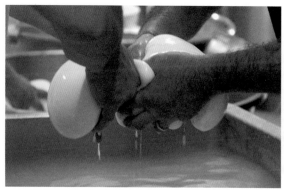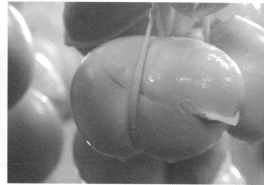

🐫 意大利奶酪

意大利奶酪歷史悠久，早在公元 60 年的古羅馬《農學憲章》中，便有了關於奶酪製作過程的詳細記載，而且從那時起，古羅馬人已將奶酪引薦到了其他地方，對歐洲各國的奶酪製作產生了深遠影響。意大利奶酪品種豐富，其中的帕爾瑪乾酪被譽為「奶酪之王」，享譽世界。在意大利烹飪中，奶酪的用途多種多樣，意式菜餚與麵食甜點都離不開奶酪，此外，奶酪還可以單獨品嘗或配紅酒享用。

—— PART1 ——

06　絕世組合

　　毫無疑問，在西安眾多的美食之中，肉夾饃是名氣最大的一個。而在意大利，薄餅更是重要的美食名片。人們也許會說，這兩種美味之所以讓人百吃不厭，都是贏在了組合上。那麼，它們是如何做到一加一大於二的呢？

　　據說早在古代，肉夾饃就已經膾炙人口。這種平民美食之所以能夠經久不衰，絕對是贏在了細節的完美組合上。

　　我來到西安的一家臘汁肉店。老闆趙亞東告訴我，肉夾饃用的饃在和麵時有很多講究，他們這家店用的是咸陽產的高筋粉，採用傳統的老麵發酵，歷時七八個小時，這樣發出的麵更筋道，烤出來也會更酥脆。對於西安的廚師來說，沒有經年纍月的手上功夫，是無法打出正宗的白吉饃的。一個個發酵好的麵團在師傅手上被擀成麵餅，一氣呵成的動作，一下就能看出這些師傅技術的純熟。

　　老闆告訴我，這些師傅打饃已經二三十年了，手法非常熟練。他們打出的饃有「菊花心、虎皮背、鋼絲圈」的特點，成型之後還要再進行烘烤，這就是白吉饃的特點。白吉饃在製作上的精益求精，不只要求麵粉具有出色品質，還要採用上乘的手藝來加工，這樣做出來的饃，才能做到外酥內

柔，麥香悠長。好的白吉饃在吃過之後，香味似乎能一直延續到胃裏。

饃做好之後，就到了做肉的驚豔時刻。其實，做肉比做饃花費的工夫要長得多。上好的材料，在祕製老湯的滋養下，用重物壓好，慢燉十幾個小時，才能化身為肉質軟糯、糜而不爛的臘汁肉。老闆告訴我，肉夾饃的臘汁肉，講究的是肥而不膩，瘦而不柴，肉吃下去之後，嘴裏會留有餘香。我們常常評價某種美食「入口即化」，可以說，肉夾饃的臘汁肉不僅入口即化，而且咬上一口，會有一種特別潤的感覺，好像順着嗓子就滑下去了。打好的饃，把肉夾在裏面，吃起來真是太香了。對於西安人來說，這種肉夾饃是幾天不吃就會想的。

細細品味肉夾饃，不難發現，這種西安人習以為常的美味，在葷素之間、表裏之間，其實飽含着不遺餘力的深加工。麵和肉，平平常常的兩樣東西，組合成肉夾饃，卻挖掘出了它們最深層最極致的味道。正因為如此，它才成為三秦飲食文化的代表作。從樸實無華的食材裏提煉至高的美味，再將它們珠聯璧合，這種追求極致之美的組合之道，就是肉夾饃最令人回味的地方。那麼，意大利薄餅的搭配之道，又會是甚麼呢？

　　在如今種類繁多、五花八門的薄餅中，有一種誕生於那不勒斯的薄餅，一直被意大利人奉為最經典的美味組合，那就是瑪格麗塔。我來到那不勒斯的一家餐廳。廚師告訴我，瑪格麗塔是代表那不勒斯的薄餅，也是意大利風味的代名詞。而這種薄餅的手工麵餅，便是它的靈魂。廚師說，薄餅對麵餅的要求可不一般，既不能太厚太鬆軟，也不能太薄太酥脆，否則，麵餅就會過於突出，薄餅也就不正宗了。這句話讓我十分在意。這個「過於突出」，指的究竟是甚麼呢？

廚師在做好的麵餅上塗抹番茄醬，又加上了奶酪、羅勒，這些配料居然是意大利國旗的同款色彩。其實，「瑪格麗塔」的確具有皇家血統，這個名字就是當時酷愛這款薄餅的瑪格麗特皇后御賜的。所有配料都鋪好之後，薄餅就該進爐了。這時，廚師又對我說了一遍，烘烤也不能太突出，烤爐的溫度設定為 450 度，烘烤 90 秒鐘就要出爐。

　　廚師一直在強調不能太突出，這和薄餅的製作工藝有甚麼關係呢？如果不親自品嚐一下，恐怕真的難以體會。我細細品味着新鮮出爐的薄餅，有些明白廚師所說的不能太突出的道理了。與肉夾饃的追求極致相比，意大利人似乎更在意組合的平衡。麵餅不薄不厚，是為了強調每一口濃淡適中，不能吃不到餡，更不能全是餡。90 秒鐘的烘烤，不多不少，更是為了同時滿足多種要求：奶酪剛好融化，番茄不失酸爽，羅勒散發清香。在組合之中講究食材與味覺的完美平衡，這正是薄餅的魅力所在。

　　看着餐廳裏那些那不勒斯人開心地品嚐着自己最愛的薄餅，並為此放聲歌唱的時候，你就能明白他們有多麼熱愛這道美食了。

肉夾饃

肉夾饃是陝西有名的地方小吃，也被稱為中式漢堡。所謂肉夾饃，就是「肉夾於饃中」的意思。實際上，肉夾饃是臘汁肉與白吉饃這兩種食物的絕妙組合。其中的臘汁肉由多種調料精心配製，色澤紅潤，肉質軟糯，具有獨特風味。白吉饃是碗狀的麵餅，表皮酥脆，內裏綿軟，與臘汁肉相互烘托，將各自的特色發揮到極致，因此，這種歷史悠久的小吃一直深受人們喜愛。

薄餅

薄餅（Pizza）是一種源於意大利的食品，通常做法是在發酵的麵餅上覆蓋奶酪、肉類及蔬菜等配料烤製。薄餅起源於那不勒斯，已有兩千多年歷史。意大利薄餅採用傳統的爐火烘焙，食材簡單，沒有太多調味與加工，追求自然的食物本味。那不勒斯移民將薄餅帶到美國之後，與本土口味融合，逐漸衍生出風味不盡相同的美式薄餅。美式薄餅多用電子烤爐，餡料比較豐富，口感相對濃郁。

07 甜蜜誘惑

　　甜，自古以來就是一種奢侈的味覺，是稀有的高級享受。所以東西方的傳統甜品，總是充滿富有智慧的創造，體現着人們對美食品位的追求。

　　傳說在唐代，長安眾多的美食之中，有一道甜品曾令飽嚐天下珍饈的王公貴族痴迷不已，它究竟是甚麼，又有著怎樣的魅力呢？我希望一探究竟。幸運的是，這種神祕的甜品，在今天的西安不難遇見。我走進西安的一家甜品店，店主告訴我，師傅正在現場製作甜品，我可以參觀一下製作的流程。

　　不出所料，這門手藝看起來就很有歷史感。白糖在水中熬至金黃，並在焦糊前的一剎那立刻倒出冷卻。緊接着，在糖的溫度降下來以後，盡快把糖漿揉成一團。那團棕褐色的糖漿在廚師手裏上下翻飛，逐漸被擰成長條，直到閃閃發光，通體乳白。這時候，糖漿的質地已經有了幾分糖果的感覺，但這還遠遠沒有結束。在糖漿被加入麵粉，又經過不斷抻拉之後，神奇的現象發生了。那團糖漿已經徹底改變了形態，變成了絮狀，把它拉起來仔細看，能看到一根根細細的糖絲。實際上，那團已經變形的糖，就是無數根細絲組成的。這種神祕而又古老的東方甜品，叫做龍鬚酥。

我品嚐了一下剛剛做好的龍鬚酥，入口即化，酥，甜，香。可以說，龍鬚酥是長安甜品的極致表達。這的確是功夫活，在時間和做法上都不能投機取巧，即使是在機械工藝已經十分發達的今天，這樣精緻細膩的質感，也只能依靠手工加工才能做得出來。

中國傳統美食中的上乘之作，講究的絕對不是昂貴食材的堆砌，恰恰相反，它注重的是迎難而上的工匠精神，是通過精心雕琢而讓普通食材出現神奇質變的非凡創造力。嚐過了西安的甜品，在羅馬等着我的，又會是甚麼樣的甜蜜呢？

羅馬有一家名叫龐貝的餐廳，是久負盛名的甜品連鎖店。這裏的甜品琳瑯滿目，其中最有名的一種甜品，大家耳熟能詳，這就是提拉米蘇。

關於提拉米蘇起源的故事有多種版本，其中一個故事說，一位少女用盡所有甜蜜的食材，創造出這樣的糕點，想要俘獲戀人的心。雖然不知道這種做法是否發揮了效用，但對於現在的我來說，這種甜點看上去的確非常誘人。我應邀走進廚房，想通過參與提拉米蘇的製作，來了解這道甜品的祕密。

提拉米蘇的口味，可以說是層疊而豐富的。它有獨特的製作方法。首先要準備好新鮮烘焙的手指餅乾，將它們在咖啡和甜酒裏浸泡之後，酥酥軟軟地鋪滿第一層，再將甜奶油和鮮奶酪充分地打勻發泡，厚厚地堆成蛋糕的第二層。我本以為這已經足夠了，沒想到，廚師告訴我，還得用同樣的方法再做兩層，這樣才會有提拉米蘇應有的豐富感。層層疊疊的蛋糕完成後，在表面灑滿可可粉和巧克力碎，放入冰箱冷凍 20 分鐘，讓發泡的奶油漸漸產生雪糕一樣的口感，提拉米蘇才算最終加工完成。

稍事等待，我親手製作的第一個提拉米蘇就端上桌了。真的非常好吃。餅乾的酥，奶油芝士的香，咖啡與酒的醇美，再配上雪糕的細膩，一種甜品裏，幾乎融合了所有的甜美享受，真是太讓人有滿足感了。難怪這種甜蜜的幸福能夠牢牢抓住人們的心呢。嚐過提拉米蘇之後，就能明白，意大利人在甜品上追求的是融合的美感，他們創造出的是和諧飽滿的味覺體驗。

東西方的甜品各有千秋，但對於美味的追求是相通的。所有的精心雕琢，都是為了放大美好與甜蜜，成就最高層次的味覺享受。

🐪 龍鬚酥

龍鬚酥也稱銀絲糖，是中國傳統小吃，因細如龍鬚而得名。龍鬚酥其實是麥芽糖的一種，由麥芽糖、小麥粉等原料製成，經過拉伸等再加工之後，變得色澤潔白，入口疏鬆，回味甘甜，不論外形還是口感，都與傳統麥芽糖完全不同。龍鬚酥具有悠久的歷史，據說從前一直是宮廷點心，後來傳入民間。如今，中國的很多地方都有這種特產，但最早的龍鬚酥源自西安。

🐪 提拉米蘇

提拉米蘇（Tiramisu）是一種意大利甜點，採用泡過咖啡或朗姆酒的手指餅乾以及乳酪、咖啡、可可粉等原料製成，口感香甜柔滑。Tiramisu 有「喚醒我」的意思，因為其中的濃咖啡有提神作用，高熱量的乳酪和微苦的可可粉，也能讓人瞬間元氣滿滿。乳酪與鮮奶油的乳香，咖啡的清苦，手指餅乾的綿密，蛋與糖的甜潤，朗姆酒的醇厚，巧克力的馥郁，不同的味道層疊交錯，共同成就了提拉米蘇的極致風味。

08　醉在紅與白

中國人常說，無酒不成席。自古以來，在長安和羅馬的餐桌上，酒這種神奇的液體，總能讓美食的感覺瞬間升華。可是，在由糧食釀造的中國白酒中，我們卻從來喝不出五穀之味。關於這個問題，必須從白酒的工藝說起。

在陝西寶雞的西鳳酒股份有限公司，我見到了製酒車間主任金成勇。他告訴我，這裏正在加工的，是蒸餾取酒的酒醅。這些酒醅裏面內容很豐富，有上一輪的發酵的酒精，還有新加入的高粱、稻皮，酒精含量大約在百分之五左右，嚐起來酸中帶澀。

自白酒出現至今，製作白酒的原料，始終都是最普通的糧食，甚至還有一些難以下嚥的雜糧。用這些材料釀酒，可是一門手藝。在製酒車間裏，我看到工人們在裝甑，這也就是取酒和蒸糧的過程。工人們用鐵鍬把酒醅一鍬一鍬地裝進一個大大的鍋裏，熱的蒸汽與冷的酒醅不停地交換，酒的蒸汽上行，容器的另一端就逐漸流出了原漿酒。金成勇告訴我，

現在流出的酒，酒花很大，而且消失得很快，這說明酒精度很高。他憑肉眼就可以判斷出來，這些酒的酒精度在 70 度以上。我從來沒有接觸過酒精度這麼高的白酒，嚐了一下，果然十分濃烈。

中國白酒屬於烈酒，這樣的烈酒，製作起來很複雜，至少要經過十幾道工序。但歷經千辛萬苦蒸餾出的原漿酒，從口味上來說，還差非常關鍵的一步。酒體設計中心副主任李周科帶着我參觀了他們的酒體設計室。他告訴我，原漿白酒需要在這裏勾兌，使酒中的微量成分混合堆加在一起，把酒的口感特色烘托出來。每種酒的香氣，在剛開始的時候都是不一樣的。每一種酒都有缺陷，勾兌的過程，就是要彌補這些缺陷，讓人們在喝酒的時候有舒服的感覺，符合人的感官對酒的要求。俗話說，「酒是糧食精」，這個「精」字，正是奧妙所在。中國人眼中的好酒，源於自然，又始終高於自然。所有的原料都必須經過精心調配，細緻加工，這樣才能從五穀之中創造出更高級的味覺享受。我們喝酒，喝的其實是一種脫胎換骨的改造。

意大利人也有自己的酒文化，不過，烈酒並不是他們的長項。最讓他們樂此不疲的，是喝葡萄酒。他們吃飯喝，聊天喝，三五成群喝，一人獨處也要喝，經常杯不離手。令我好奇的是，他們喝葡萄酒的時候，究竟是在品味甚麼呢？我來到了一座專為歐洲王室提供美酒的羅馬酒莊，想探尋這個祕密。

亞平寧半島獨特的火山地質條件，使得這裏的土壤特別適合種葡萄。酒莊的主人指着自家的田地幽默地說，他這裏的葡萄格外香甜，也許還得感謝吞沒了龐貝的那次火山爆發呢。

這些葡萄真的特別誘人。據史料記載，飲用葡萄汁，最初只是長年出海的水手們獲取維生素的辦法。誰也沒有想到，這些葡萄汁放久之後，竟然自己就變成了酒。正是由於葡萄的這種特性，葡萄酒的製作不需要任何特殊加工。無論紅白葡萄，簡單地壓榨之後，儲藏起來就好了。

酒莊主人告訴我，這裏的葡萄酒完全是自然發酵的產物。葡萄汁中的糖分，在經年纍月的儲存過程中，自然地轉化為酒精，甜味逐漸消失，香氣愈發濃郁，這就形成了人們常說的乾葡萄酒，整個過程渾然天成。這樣的美酒，無論是色、香、味，都是大自然鬼斧神工的傑作。決定葡萄酒品質的，只能是葡萄，而非人工因素。意大利人在葡萄酒中享受的，正是這種來自自然的滋味。

無論是葡萄酒的自然美，還是白酒的深加工，都是東西方對於美酒相得益彰的表達。那些如痴如醉的美好體驗，同樣令人難忘。

🐫 中國白酒

白酒也稱燒酒，是將經過發酵的原
料入甑加熱蒸餾出的酒。中國白酒
以麴類、酒母為糖化發酵劑，利用
高粱、糯米等澱粉質原料，經蒸煮、
糖化、發酵、蒸餾等工序釀製而成，
工藝比較複雜，原料多種多樣。與其他國家的白酒相比，中國白酒的
酒精度比較高，酒色晶瑩透明，五種香型的酒各有特色，具有特殊風
味。茅台酒、五糧液、劍南春、汾酒、西鳳酒等，都是最具代表性的
中國白酒。

🐫 意大利葡萄酒

葡萄酒是以葡萄為原料釀造的一種果酒。據史料記載，葡萄酒最早出
現在古埃及時期，但釀酒技術是在古羅馬時期逐步完善的。隨着羅馬
帝國的擴張，葡萄酒
的釀造技術以及葡萄
酒文化開始在歐洲傳
播開來。意大利多樣
化的自然環境為種類
繁多的優質葡萄提供
了良好的栽培條件。
如今，意大利葡萄酒
佔世界葡萄酒產量的
四分之一，輸出與消
費量均名列前茅。

09 品味快慢間

意大利人愛咖啡是出了名的。對於他們來說，如果沒有咖啡，似乎就到了世界末日。在這樣一個人均每年要喝掉 1179 杯咖啡的國度，咖啡到底該怎麼喝呢？

為了弄明白其中的講究，我來到了那不勒斯的一家百年咖啡老店。咖啡店店主瓦特‧維爾茨堡告訴我，他們這裏的咖啡是典型的那不勒斯咖啡，更是典型的意大利咖啡。店主遞給我一杯咖啡，這咖啡聞起來，味道果然香濃。他告訴我，這就是意大利人最常喝的 Espresso 濃縮咖啡。Espresso 翻譯過來，就是「快速咖啡」的意思。這個「快」字，就是意大利咖啡最大的特點。

這種快，首先是製作上的快。20 世紀初，意大利人在水煮咖啡的基礎上，發明了用高溫高壓的水蒸氣來迅速萃取精華的意式濃縮咖啡。做一杯這樣的咖啡，只要不到 30 秒鐘的時間，看來，意大利人在美味面前還真是心急。

到了意大利之後，我發現，意大利人經常是站着喝咖啡的。在中國，喝咖啡是比較休閒的，人們一般都會坐下來，其他國家的人喝咖啡多數也是坐下來的。那麼，意大利人為甚麼要站着喝咖啡呢？我對店主提出了我的疑問。

店主告訴我，意大利人一天要喝很多杯咖啡，平均有四五杯，而且意大利咖啡是濃縮的，每一杯的量其實很少，所以喝一小口就結束了。沒想到，他們喝咖啡的過程比做咖啡還要快，甚至都不用坐下來。而且，一口濃縮咖啡喝下去，我立刻感到心跳加速，幾秒鐘就體會到了一種提神醒腦的興奮。見效如此之快的咖啡，我還是第一次體會到。對於意大利人來說，咖啡不僅是一種飲料，更是工作間歇給自己的一份犒賞。勞累過後，幾分鐘的咖啡短歇，可以迅速地調整精神狀態。這股撲鼻的香味和強烈的苦味，無疑可以在一瞬間喚醒一個人所有的活力。

如果說快速享受的濃縮咖啡是意大利人快意生活的表達，那麼，對於中國人來說，茶又意味着甚麼呢？中國人喝茶的歷史非常久遠，但我們喝茶，從來不是為了解渴，而是強調一種「育心」的精神享受。

　　在陝西寶雞的法門寺博物館，可以看到法門寺地宮出土的一套唐代茶具。這套茶具種類和件數都比較多，看起來非常複雜，與我們今天喝茶的茶具有着很大不同。那麼，唐代的人究竟是如何飲茶的呢？

　　西安博物院館員孫黎給我介紹了一種按照唐代工藝做成的茶葉餅。這是陸羽《茶經》上記載的唐代的一種蒸青，做法是採來新茶以後，把茶葉放在籠屜上蒸，再把它搗碎，然後把它拍成茶餅。用的時候，把一塊茶餅放在炭火上烤一烤，茶葉變酥之後，茶的香氣也會散發出來。與經過烘焙研磨就可以使用的咖啡粉相比，唐茶的製作工序非常複雜，準備工作也同樣是一項慢工細活。孫黎給我介紹說，煮茶的時候，要先把乾的茶餅放到紙上敲成小塊，然後碾碎，再用篩籮把它篩得很細，這樣就成了抹茶的茶粉。唐茶講究新鮮度，所以這些工作都必須在現場完成，喝茶是急不得的。茶粉準備好之後，先把水煮開。水第一開的時候，先舀出一勺，給水裏面加鹽。水第二開的時候加入茶粉，等到第三開的時候，再把剛才舀出的一勺水倒進去，點一下，這樣茶不會老。等到所有的東西都煮開之後，茶才真正煮好了。

　　為了討一杯好茶，不知不覺，已過了半晌的工夫。中國茶文化追求的慢節奏，不僅是想讓人們全身心地沁潤茶香茶韻，更強調在飲茶的同時修身養性，品味優雅與從容。喝茶確實應該慢慢來，因為茶中飽含的精神享受，絕不是一飲而盡能夠體會得到的。

🐪 意式咖啡

咖啡是用經過烘焙磨粉的咖啡豆製作的飲料。咖啡的發源地是埃塞俄比亞，但咖啡最早製作和飲用的記載，出現在 15 世紀的中東地區。17 世紀，羅馬出現了歐洲第一家咖啡館。如今，咖啡文化已經滲透到意大利人生活的方方面面，意大利人發明的 Espresso，利用蒸汽壓力，瞬間將咖啡液抽出，這種咖啡是意式咖啡的精髓，有獨特的濃郁香味。其他種類的意式咖啡還有卡布奇諾、拿鐵以及瑪琪朵等。

🐪 中國茶

茶是中國傳統飲品。中國是最早發現野生茶樹的國家，中國人飲茶的歷史也非常悠久，大體上始於漢代，盛行於隋唐。茶葉沖以煮沸的清水，順乎自然，重在意境，對健康有益，又可以陶冶情操，因此，在中國，品茶是一種重要的娛樂與社交活動。由於茶葉種類與製作方法不同，常見的中國茶可分為綠茶、紅茶、烏龍茶、白茶、黑茶等類型。

10　和合之道

　　我一直認為，搭配是一門高深的學問，是美食的文化屬性。在羅馬的這段日子裏，我總是在思考，意大利美食的搭配之道究竟是甚麼呢？

　　在意大利，我接觸到了各種地道的風味。從高檔餐廳到家庭廚房，從特色菜到傳統菜，這個美食王國讓我大開眼界，收穫良多。在品味這些菜餚的同時，我深刻地體會到，意餐的搭配之道，最強調的就是美。我去尋找珍貴的火腿時，發現意大利人很喜歡用火腿薄片搭配新鮮的蜜瓜一起吃，用水果的甘甜來襯托肉質的鮮美，這種搭配，強調的是味覺之美。體驗上等的奶酪，必須搭配紅酒；品嚐特色咖啡，一定要搭配香料，這種搭配，都是在放大美妙的芳香，強調的是嗅覺之美。我去皇宮裏了解一百多年前的意大利國宴時，更加體會到一點，他們認為高檔的食物更要講究造型和色彩，美食不僅要好吃，還必須美觀，這種搭配，強調的是視覺之美。

　　意大利人常說，美食總要先給眼睛帶來享受，再給鼻子送去舒適，然後才能給嘴巴創造快樂。雖然意大利人總是給人一種喜歡享樂的印象，但通過這次美食之旅，我體會到了他們的品位和格調。

　　在那不勒斯的國家考古博物館，可以看到很多與美食有關的藝術作品。對於一個以美為信仰的民族來說，烹飪食物絕不只是為了滿足口腹之慾，

而是要通過搭配，創造色香味俱全的美食體驗，讓所有的感官都得到美的沁潤。意大利人心目中完美的一餐，一定融合了藝術性的思考與表達，不僅是美食的享受，更是文化的享受。所以，這次旅程讓我深刻地體會到，意大利美食備受世人推崇的原因，正是強調美的搭配之道。

中餐也十分講究美的享受，但是，中國人世代傳承的搭配之道，卻有更深層次的追求。開放繁榮的漢唐時期，是中國傳統飲食理念與空前豐富的食品種類的一次大融合。在漢唐之際，很多外來的食物進入中國。大量新食材的出現，使得中餐的菜餚變得包羅萬象。但是，無論採用甚麼材料，中餐都始終貫徹着以健康為先導的搭配之道。

我們幾乎每天都可以聽到「上火」這個詞，比如說，這道菜吃多了容易上火，那道菜不容易上火，等等。這種邏輯，體現的就是典型的中國飲食搭配的理念，這就是講求陰陽調和，以食養生。傳統的中醫將

食物按功效分為熱、溫、平、涼、寒五大類，同時，又認為人體在不同季節不同氣候需要不同的食物。所以，吃甚麼、怎樣吃這樣的搭配問題，變得尤為重要。

自古以來，長安人餐桌上的肉夾饃、臊子麵，就是把熱性的肉、涼性的菜、平性的麵搭配起來，取中調和，適應四季三餐。涼皮涼粉，搭配爽口的蔬菜，是夏季消暑的佳品。酸湯水餃、羊肉泡饃，滋補暖胃，更適宜冬季享用。即使是在雞鴨魚肉應有盡有的宴席上，食材也絕不會孤立存在，而是要和相應的配菜一起烹飪。這既能讓口味更加豐盈，又可以在冷熱葷素之間相互補充，相互平衡。在我的美食探尋之中，這樣的例子不勝枚舉。可以說，正是以健康為理念的搭配之道，塑造了中國人的餐桌。

無論是西方崇尚「以美為本」的意式搭配，還是東方強調「以食養生」的中國搭配，都是意義相通的和合之道，其中傳承的，都是勤勞與智慧的文明果實。

食療養生

食療是中國傳統的養生方法，也就是在中醫理論指導下，利用食物的特性來調節機體功能，以獲得健康或預防疾病。中國傳統膳食講究營養平衡，食療養生強調「有病治病，無病強身」。具有保健或治療作用的食物，通過合理搭配與烹調加工，既是美味佳餚，為人體提供健康生存所需的各種營養素，又能防病治病，有針對性地對疾病治療與身心康復提供幫助。

CHANG'AN
MEETS
ROME

城市奇觀

何茂春，清華大學社科學院國際關係學系教授、清華大學經濟外交研究中心主任、博士生導師、國務院參事，曾參加錄製CCTV-1綜合頻道《開講啦》，著有《中國外交通史》《中國入世承諾要點及政策法規調整》等著作。

講述人　何茂春

11　八水長安與七丘羅馬

〜〜〜〜〜〜〜〜〜〜〜〜〜〜〜〜〜〜〜〜〜〜〜〜〜〜〜〜

泥土、石頭、木材，都是我們能觸碰到的歷史，只因為我們身在古老的城。關於長安和羅馬，有人說，沒有它們，就不會有橫跨千年的絲綢之路，也有人說，就算你對這兩座城市再熟悉，也未必能將它們讀懂。對於我來說，這兩座跨越千年的古城，它們存在的本身就是奇跡。這樣的城，世上不會再有。它們雖然古老，卻從未停止前行。穿過歷史的迷霧，我將行走在長安與羅馬之間，尋找那些成就了這兩座文明之城的偉大奇觀。

漢代長安城的遺址，坐落於今天西安城的西北角，佔地面積 36 平方公里。唐代的長安城，在今天西安城的南面，比漢代時的長安城要大一倍多。今天的西安城建於明代，比唐代的長安城要小很多。西安博物院的長安歷代變遷圖讓我們看到，不管歷史如何變遷，西安城的位置幾乎都沒有甚麼變化。令人驚歎的是，這裏成為十三個朝代的都城，歷史上，眾多帝王的選擇竟然如此一致。

渭，涇，灃，澇，潏，滈，滻，灞，這些河流的名字，就是帝王們定都長安的共同原因。我們的先祖逐水草而居，他們選擇居住地的首要需求，就是尋找水源。當然，即使到了科技在某種程度上可以改變自然的今天，人們對水的需求也是一樣的。關中平原的八條河流，圍繞着長安，滋潤着世代生存在這裏的人們。這就是人們通常所說的「八水繞長安」。

53

然而，水源並不是成就長安城的唯一原因，安全同樣是所有王朝建都必須考慮的問題。長安的地理位置非常特殊，千溝萬壑，崇山峻嶺，黃河天塹，將長安城護衛在它們的中央，讓這裏成為安居樂業的理想家園。極為巧合的是，今天人們發現，長安地區居然是中國的地理中心。不得不說，長安城的起源與發展，充分體現了古人的智慧。

在地球另一端，古代西方世界的中心羅馬，它的起源似乎具有更多的神祕色彩。羅馬附近的山丘，距離羅馬城只有十幾公里，可是，我站在這裏，卻沒有見到一塊平地。古羅馬人為甚麼要在這麼不平坦的地方建造城市呢？都說羅馬不是一天建成的，那麼，羅馬建城的第一天，究竟發生了甚麼呢？

意大利文化遺產保護中心考古學家巴托洛梅奧·馬扎塔告訴我，相傳，羅馬人的先祖是一對兄弟，但他們總是相互爭鬥，兄弟倆各佔一個山頭。後來，羅馬的七個山頭慢慢形成了定居的七個部落，所以，這七座小山丘就是最初羅馬城的位置。從山頂遠眺，依稀能夠看清七丘羅馬的樣貌。然而，這座城在鼎盛時期，人口超過百萬，大部分供給都需要依靠進口，羅馬城處在交通不便的丘陵地帶，這豈不是會大大增加運輸的難度嗎？

其實，羅馬城附近雖然多山多丘陵，離海卻很近。奧斯蒂亞港位於台伯河入海口，曾經是古羅馬的重要口岸，也是陸上絲綢之路和海上絲綢之路的交匯地。台伯河穿城而過，成為連接山丘和海洋的商業通道。正是這種建城選址的理念，成就了羅馬城的興盛與繁榮。

依山傍水，逐水草而居，東西方這兩座千年古城在建城之初，居然有

着殊途同歸的相似理念。但是，這只是一個開始。從歷史走到今天，長安和羅馬最終形成了完全不同的城市形態。我將繼續我的探索，尋找那個徹底改變了這兩座城市的歷史瞬間。

🐫 長安八水

長安八水是指渭、涇、灃、澇、潏、滈、滻、灞八條河流，它們都屬於黃河水系，環繞長安，相互交錯。西漢文學家司馬相如在著名的辭賦《上林賦》中曾經寫道：「蕩蕩乎八川分流，相背而異態。」此後就有了「八水繞長安」的描述。長安之所以成為十三朝古都，除卻軍事戰略位置等因素外，最重要的原因就是水源豐富。八水的潤澤，奠定了古代長安作為國都的得天獨厚的地理條件。

🐫 羅馬七丘

古羅馬城因坐落於台伯河附近的七座山丘之上而被稱為「七丘之城」。這七座山丘，包括阿文丁山、帕拉丁山、卡比托利歐山、西里歐山、埃斯奎里山、奎里亞納爾山和維彌納山。起初，這七座山丘分別被不同的部族佔領，後來逐漸融為一體。七座山丘之間是古羅馬最為核心的地帶，散佈着宮殿、元老院和神殿，匯集了最具魅力的建築，是羅馬帝國的權力中心與宗教中心。

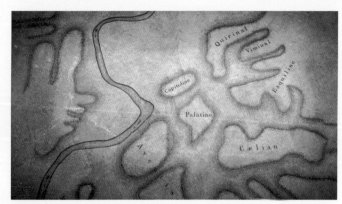

12 方圓之間

來過西安的人，都會有和我一樣的感受，那就是從任何方向任何角度來看，這座城都是方方正正的。從古到今，無論世事如何變遷，四四方方的城市形態卻從未改變。那麼，這座城為甚麼會是這個樣子呢？要回答這個問題，得先從一件文物說起。

西安碑林博物館收藏着一件《長安圖》，雖然是宋代刻在石頭上的，但是，它參照的是唐代留下來的資料。這件石刻把當時整個長安城的佈局，都精準地刻在了相應的位置上。我們在這件石刻上看到的，就是長安城最早的樣子。事實上，從三千多年前的周代以來，中國古代所有城市的營建，都擁有了共同的藍本，這就是《周禮·考工記》。「匠人營國，方九里，旁三門。國中九經九緯，經塗九軌。」這種四四方方的「四九城」，是歷朝歷代中國城市建設所遵循的共同法則。我不禁有些好奇，四四方方的城市究竟好在哪裏呢？單憑石碑當然是無法解答的，我還得去看看大唐長安的全貌。

從西安博物院展出的古代長安城復原模型可以看出，隋唐時期的長安城看起來就是一個四四方方的大盒子，東西方對稱分佈，中間是朱雀大街，城市規劃都沿着中軸線來佈局，大街兩邊分佈着很多很多的坊。這個坊，就相當於今天的居民小區。各種建築構成了不同的區域，形成了當時世界上最大的都城。

我們可以用井然有序來形容這種方正的城市佈局。居民區、商業區和行政區平均分佈，人口疏密有度，園林景觀與公共空間合理分配，為城市錦上添花。道路交通更是縱橫交錯，為人們的生活帶來無限便利。

我攀上城牆，登高遠眺。再次望向今天的西安城，更能體會到先祖們在城市規劃與建築中暗藏的深刻道理。站在城牆上，可以看到西安城的中軸線。中軸線兩側的建築佈局，都嚴格遵循了中國傳統文化所崇尚的對稱美。而方正同樣是中國傳統文化所崇尚的。古人云：「君子中通外直，剛正不阿。」這種美好的追求，通過從古到今長安城的建設，展現在我們面前。它代表了中國的古代文明，代表了秩序和禮樂制度。

在意大利，我來到羅馬附近的山丘。從山頂遠眺，不難發現，羅馬城呈現出的是並不規則的圓形。密佈的丘陵和交錯的街道，讓人很難看清城市的脈絡。那麼，羅馬這座城市難道是隨性而建的嗎？其實，羅馬城在無序的表面下，隱藏着千百年前形成的一套完整的佈局規劃系統。

羅馬的城市中心是廣場，周邊環繞着政治機構和公共設施，再往外，則分佈着眾多商業區和居民區。隨着歷史的發展，羅馬城就像攤大餅一樣，不斷地向外延伸，逐漸形成一座巨大的放射狀城市，如今，羅馬城的面積

已經達到了 208 平方公里。這樣的城市佈局，聽起來似乎也很普通，沒有甚麼特別之處，然而事實並非如此，因為所有的人都告訴我，羅馬城從建成那天起就是獨一無二的。

原來，羅馬興建之初，正是強調權威的時候。在那個屬於帝王的時代，當時出現的其他城市，都是以王宮和廟宇為核心的，而呈現出圓形佈局的羅馬卻把一系列屬於市民的廣場放在了城市的中心，並且每條道路最終都能匯集在那些為普通民眾設置的公共空間之中。這種史無前例的佈局，不僅展現出羅馬人勇於打破常規的創新精神，更是平民建國的古羅馬人重視「以民為本」的最佳體現。

俗話說：「沒有規矩，不成方圓。」方與圓，恰恰印證了長安與羅馬這兩個城市的特點。方圓之間，展現的就是長安與羅馬城市規劃與佈局的不同理念。

《長安圖》

《長安圖》是中國現存最早的石刻城市地圖，出現於北宋時期。唐代的長安城是當時世界上最大的都城，以氣勢恢宏而著稱。北宋名士呂大防根據前朝遺圖與遺址，於北宋元豐三年（1080 年）完成了石刻《長安圖》。這是現存最可靠的唐代長安地圖，詳細標註了長安城鼎盛時期的城市佈局，完整地展現了古長安博大的地理景觀。流傳至今的《長安圖》碑石已殘缺不全，僅存原碑殘塊及一些拓片，不足原圖的三分之一。

古羅馬廣場

古羅馬廣場位於意大利羅馬市中心，在古羅馬時代，這裏是帝國的法律、宗教、行政及商業中心，聚集了很多宗教與紀念性建築，包括提圖斯凱旋門、奧古斯都凱旋門、元老院、凱撒神殿、維納斯神殿等，因此，這個廣場也被譽為「露天博物館」。如今，古羅馬廣場已經見不到完整的建築，但那片廢墟遺址以及殘存的立柱、散落的巨石，還是足以見證當年古羅馬帝國的繁榮與輝煌。

13 千年壁壘

地球人都知道，中國人曾經修建了萬里長城。雖然人們把長城稱為「城」，但很顯然，長城看起來更像一道長長的圍牆。其實，古羅馬人也是造牆高手。古羅馬的城牆，曾經是舉世公認的傑作。那些城牆，今天還能看得到嗎？

羅馬城裏的古代文化遺跡數量驚人，也許正是遺跡眾多的緣故，古城牆經常被人們忽略。我正在四處尋覓古城牆蹤跡的時候，當地人告訴我，我眼前這一座看起來像樓又像橋的建築，就是古羅馬的奧勒良城牆。這有點出乎我的意料。

據史料記載，奧勒良城牆修建於公元 3 世紀，總長二十多公里，平均高約 6 米，整個城牆上面分佈着 18 座城門和 381 座碉樓，這裏是古羅馬帝國首都的堅強壁壘。

親眼見過這座城牆之後，人們也許會提出疑問：羅馬人不是以善用石材而著稱嗎？為甚麼這裏的城牆用的都是薄薄的紅磚呢？這座城牆屹立千年而不倒，奧妙又在哪裏呢？

其實，這些脆弱的磚頭只是表面，真正的祕密藏在牆的裏面。這座城

牆的黏合劑，正是古羅馬人發明的一種超級建築材料——水泥。很多人都認為水泥是 18 世紀以來近代工業的產物，兩千多年前的古羅馬真的有水泥嗎？當時的羅馬人又是如何掌握這項技術的呢？

得益於亞平寧半島的火山地貌，古羅馬人發現，火山灰、石灰和海水混合後，可以變成堅固的水泥。於是，他們將水泥和岩塊按比例混合，注入事先搭建好的外框之中，這樣，就構建出了堅不可摧的城牆。令人感到驚奇的是，科學家們發現，古羅馬的水泥竟然比今天的水泥還要結實。因為火山岩中的矽和鈣會與海水的鹽分緩慢化合，逐漸形成一種更加堅固的材料，正因為如此，古羅馬時代的那些建築才能歷久彌新。羅馬著名的聖天使堡，曾經是古羅馬最北端的防禦要塞。哥特大軍入侵時，曾經花費十餘年都無法攻克這樣的城牆。在歐洲滄桑巨變的千百年間，古羅馬的城牆始終保衛着人類文明的高塔。

無獨有偶，據史料記載，長安自建成之日起，堅固的城牆也從來沒有被正面攻破過。西安的城牆特別高大，我們現在看到的城牆，是明清時候的

建築。從各種史料中可以得知，隋唐時期，長安的城牆要更高更大。那些高大的城牆，主要是用來防禦的。古都長安的城牆究竟是如何建造的呢？在隋唐時期含光門的遺址上，我們看到了這座千年城牆堅不可摧的真正奧祕。

在含光門遺址博物館，可以看到唐代時城門結構的殘留部分。這座堅不可摧的城牆，其實取材十分普通。在陝西隨處可見的黃土，本身質地就很細膩，黏性也很好，與石灰和糯米水混合後，經過千錘百煉的夯打，就變成了萬夫莫開的千層牆體。完全乾透之後，普通的夯土也可以堅如磐石。事實證明，即便是現代炸藥，對牆體能夠造成的傷害也是極其有限的，更不用說古代的武器了。

與古羅馬城牆異曲同工的是，西安的古城牆也選擇了用磚來包裹。這樣做不僅可以提升城牆的堅固程度，還能更好地保護裏面的夯土，讓它避免風雨的侵蝕。所以，這座寬大的城牆保留到今天，仍然遊人如織，車來車往。古代的長安人就地取材，用世代傳承的古老建築方式，成就了世界建築史上的傑作。東西方古老文明在建築材料上的獨特創造，將建築奇觀保留至今。

🐫 聖天使堡

聖天使堡位於意大利羅馬的台伯河畔，是羅馬皇帝哈德良在公元 139 年為自己和後代皇帝建造的家族陵墓，由哈德良皇帝親自設計。經過幾個世紀的歷史變遷之後，城堡的用途逐漸發生變化，先是成為阻止外族入侵的軍事要塞，後來又成為監獄和兵營。公元 6 世紀時，這座城堡被改建為羅馬教皇的宮殿，曾作為教皇的避難所。聖天使堡現為國家博物館，館內藏品包括雕刻、教皇的家具以及古代武器。

🐫 含光門

含光門是西安城南城牆的一座城門，修建於隋代。唐代的含光門連接含光門大街，直通皇帝所在的宮城。唐代所有的外事接待活動都要經過含光門。將來自世界各地的使節進入皇城的必經之門命名為「含光門」，體現了唐代的包容與大度。唐代的含光門還與著名的西市隔街相望，當年各國的客商通過含光門進入西市交易，然後再西行到達中亞和西亞，因此，含光門也是絲綢之路在長安城的一個重要節點。

14 明渠暗道

在羅馬,有很多像橋樑一樣的高大建築。第一次來到羅馬的人,總會對這種建築感到好奇。它是幹甚麼用的呢?答案也許會出乎你的意料:它就是千百年前羅馬城的生命線——引水渠。

羅馬城雖然臨河,但是,因為排污的需要,人們很早以前就不再喝台伯河的水了。對於當時這座百萬人口的大都市來說,解決用水的問題,成了極其重要的任務。在羅馬克勞狄亞輸水道遺址,意大利文化遺產保護中心的考古學家巴托洛梅奧·馬扎塔告訴我,古羅馬的 11 條引水渠中,有 6 條都經過這個地方。這些都是公共設施,只有國家才有經濟能力建造如此重要、如此宏偉的基礎工程。在過去,羅馬是歐洲供水最充足的城市。看來,這些引水渠真的很了不起。

意大利學者告訴我,全盛時期的羅馬城,引水渠的總長度超過 2000 公里。然而,這裏地處丘陵,高低不平,水流根本無法從山脈自然流淌到城市。那麼,古羅馬人是怎樣完成這幾乎不可能的任務的呢?祕密就藏在引水的建築裏。

在引水時,古羅馬人採用了封閉的管道,用石料或金屬製成大型的水管,並用橄欖油和水泥封閉連接處。這樣做,不但比開放的水槽更適應坡

度和斜角，避免漏水，還能保證水壓的均勻。但是，在沒有水泵的古代，僅靠管道並不足以讓水流翻山越嶺，難道他們還有其他的絕招嗎？

在今天羅馬繁華的商業中心，隱匿着一個鮮為人知的角落，這裏作為當年給水的終點，藏有古羅馬引水渠最大的祕密。引水渠的水流之所以不懂高低起伏，還能爬坡，要歸功於古羅馬人天才的建築設計。我們可以從當時留存的古籍中看到這樣的描述：遇到山谷時，要盡可能建築長的坡道，而且不能太陡，讓更多的水匯集在這裏，這樣另一端就會靜靜地溢出水來，升高到山頂上。其實，這裏利用的，正是現代所說的流體力學的原理。不能不說，千百年前古羅馬人建造的高架水渠，設計得確實相當科學。正是有了這種巧思，才有了羅馬城水源充足的繁榮生活。

古代長安城的情形與羅馬有所不同。這裏自古水系發達，不僅有豐富的地下水，而且河流眾多，水道交錯。不過，水多了也會成為問題。從古至今，長安城一直不敢掉以輕心的，就是排水問題。

在西安博物院，我看到了周代的排水管。它是五邊形的，而且首尾銜接，用泥土彼此相連。這裏還有秦代的排水管，它是陶瓷做成的，呈桶形，一個套一個，首尾相連，中間還有防止滲水的黏合物。直到今天，它仍然非常堅固，甚至比現在的 PVC 管還要結實。

據考證，在長安這片土地上，排水系統已經至少存在了三千多年。這裏北臨高原，南靠大山，處於低窪的平原，十分容易積水。更可怕的是，到了夏天多雨的季節，周圍的河水也有氾濫的可能。但是，縱觀長安的歷史，似乎很少能夠見到關於嚴重澇災的記載。那麼，那些積水究竟是怎麼排出去的呢？

一千二百多年前的排水系統，主要用的是磚土結構。這套系統的建設，經過的不只是一代兩代。隋代之前，這裏就是都城，在隋代，這套系統被逐漸完善，到唐代，已經完全穩固下來。隋唐時期，長安城的排水系統設計得十分科學，不但地面的道路兩旁有排水明渠，而且排水量集中的地方，還會在地下佈置過水涵洞。這些涵洞相互連接，在城市下方形成棋盤狀的排水網。在今天看來，這也是十分高效的。

與高空架渠引水的古羅馬相比，長安城的排水在腳下做足了文章。所以，古人可能體會不到我們今天常說的「出門看海」究竟是甚麼意思。

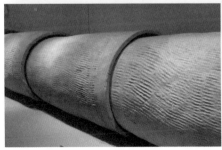

🐫 羅馬水道

羅馬水道是指古羅馬城市供水系統的輸水槽。古羅馬的第一條引水渠修建於公元前 310 年，公元 1 世紀時，羅馬已經有了比較完善的供水系統。羅馬城的水源主要是郊外的河流、湖泊和泉水，通過高架輸水槽引入羅馬城，以滿足城市用水需要。羅馬城先後修建了 11 條大型水道，大部分為磚石結構，有些地方還採用了虹吸管、隧洞和連拱支撐的石質渡槽。這些水道可以說是最早的公共供水系統。

15 登峰造極

　　古羅馬廣場是全世界最大的古代建築群之一，稱得上西方古建築的百科全書。其中最令我神往的，就是帕拉丁山宮殿群，這裏曾經坐落着古羅馬最宏偉的皇宮。

　　意大利建築考古專家詹尼·布里安告訴我，帕拉丁山是羅馬歷史上最早出現建築的地方，帝國時期，眾多皇帝都把這裏定為皇宮，所以，這裏在羅馬歷史上具有極為重要的意義。這座原本普普通通的小山丘，曾經是羅馬帝國的權力中心。如果從空中鳥瞰，就不難發現，這片依山而建的宮殿群是節節高升的，當年，這裏一定異常雄偉。我有些好奇，究竟是哪些因素，讓這些宮殿建築顯現出非同凡響的皇家氣派呢？走近它的時候，我才發現，真正造就這種震撼的，正是那些巨大的石柱。

　　羅馬石柱可以說是人類建築史上的奇跡。作為建築形式的石柱在歐洲歷史悠久，早在羅馬帝國之前就已經出現，古羅馬人將這種石柱運用到了極致，並由此構成了西方宮殿建築的主要特色。這些柱子的樣式、高度和排列方法，直接決定了建築最終的模樣。那麼，這些石柱是如何建造的呢？在羅馬圖拉真市場博物館的石柱殘塊上，我找到了蛛絲馬跡。原來，這些龐然大物全都不是單體建築，而是由許多部分組合而成的。要讓它屹立不倒，並不是一件簡單的事情。

根據史料記載，石柱的建造過程是比較複雜的。大部分柱子在建造之前，必須在地下深處打入許多木樁，並用細密的材料填滿夯實，再在地基上砌成堅實的台基，然後才能在上面安裝柱礎。隨後，一節一節的柱子運用特殊的起重設備，由粗到細地被逐級吊裝起來。這些巨石的表面還必須有一種特殊的石槽，柱體才能完美地吻合，屹立不倒。這不禁讓人感歎，兩千多年前古羅馬人的建築技巧實在高超。我們再次仰望帕拉丁山建築的時候，能夠清晰地感覺到，正是古羅馬的石柱，創造出了這些宮殿建築宏偉高深的神聖感。

　　如果說羅馬皇宮是西方宮殿建築的傑作，那麼長安的大明宮就是東方宮殿建築的頂峰。唐代的大明宮是人類歷史上最為龐大的宮殿群，相當於3個凡爾賽宮，4個紫禁城，15個白金漢宮。唐代宮殿群氣勢磅礴，不僅建築體量無與倫比，建築形式更是空前絕後。從今天復原的建築上，我們可以看出，簷牙高啄的矩形屋頂，正是這些建築的靈魂所在。這些屋頂的構造，又有哪些神奇之處呢？

　　大明宮宮殿的屋頂很重，是靠斗拱托起來的。斗拱是中國古人發明的一種神奇的建築形式，至今已有兩千多年的歷史。普普通通、看似單薄的長短木條，在巧妙的組合之下，不僅能夠四兩撥千斤，將屋頂的萬噸重擔化整為零，分散托起，更是通過力學原理，大大拓展了支撐範圍，合力擎起每一處巨大的飛簷。在這其中，最讓人驚歎的是眾多木條之間相互連接的榫卯結構，整個建築不用一根釘子，不用一滴膠水，卻堅固無比。大量使用榫卯和斗拱，反映出當時建築技術的高超以及建築工藝的精湛。我們的祖先驚人的智慧，真是令人欽佩。巧奪天工的創造，成就了大明宮的莊重與典雅，也成就了千百年前奇跡般的皇宮建築。

帕拉丁山宮殿

帕拉丁山是羅馬七丘之一，從公元前 1 世紀的奧古斯都時代起，這裏就是歷代羅馬皇帝居住的地方，經過多次大規模營建，形成了宏偉的宮殿建築群。如今，在帕拉丁山依然可以看到奧古斯都、提比略、卡里古拉、賽維魯斯、圖密善等眾多皇帝興建的宮殿的遺跡。羅馬帝國衰落之後，帕拉丁山宮殿群逐漸變成廢墟。英語中的宮殿（Palace）一詞，就源自帕拉丁山（Palatium），因此，帕拉丁山也被譯為宮殿山。

🐫 大明宮

大明宮是唐代的正宮，是唐代的政治中心和國家象徵。大明宮始建於唐太宗貞觀八年（634 年），佔地面積約 3.2 平方公里，利用天然地勢修築，整個宮城可分為前朝和內庭兩部分，前朝以朝會為主，內庭以居住和宴遊為主。自唐高宗起，先後有 17 位唐代皇帝在此處理朝政，歷時二百餘年。大明宮是當時世界上面積最大的宮殿建築群。唐衰敗後，大明宮在戰火中被毀。

16 永恆奇跡

在中國古建築的歷史上，可以被稱為奇跡的建築並不少，但其中一定有西安的大雁塔。

大雁塔是玄奘力主建造的一座佛塔，自建成到今天，已經有一千三百多年。它見證了東西方文明的交融，同時，它也是一座中外合璧的歷史建築。古老的絲綢之路，帶來了中亞與西亞的建築理念。大雁塔的建造，在細節上參照了印度佛塔的一些理念。玄奘修建這座大雁塔，除了要向世人展示釋迦牟尼原本的主張，更重要的，是要保存佛經。然而，這座古塔給世人留下了一個千古之謎。長安城裏同時期的建築大多早已灰飛煙滅，而大雁塔為甚麼能夠千年不倒呢？細數大雁塔的歷史就會發現，說它是奇跡，其實一點也不為過。我們先來看看這座塔究竟經歷了一些甚麼。

四麵環山的關中平原是地震的多發地帶。據史料記載，大雁塔落成至今，共經歷過七十多次地震的考驗，也曾因為地震兩次修改高度。在 1487 年的關中大地震中，整個長安城幾乎被夷為平地，大雁塔卻屹立不倒，只是塔身裂開了一道縫隙。更為神奇的是，在 34 年

之後的一次更為強烈的地震中，那道裂縫居然在一夜之間閉合了，這究竟是怎麼回事呢？

事實上，大唐長安的寶塔，地基大多使用黃土高原特有的黏土。這種土厚實而且富有彈性，在地震時，黏土地基就像軟墊一樣，具有很好的減震作用。而且，據最新的研究推測，大雁塔下方很可能採用了半球狀的建築結構，並盡可能地增加了底部重量。這樣做，不僅可以讓寶塔在顛簸中像不倒翁一樣保持平衡，更能在塔身傾斜開裂時慢慢地自動回正，恢復本來的樣子。今天，我們每次望向大雁塔，都是望向古人在建築學上的高超智慧。

在意大利羅馬的市中心，也有一座堪稱奇跡的古老建築，它就是萬神殿。這座建築始建於公元前 23 年，至今已經兩千多歲。意大利前副總理弗朗西斯·魯泰利帶着我，一起參觀了這座獨一無二的建築。魯泰利先生告訴我，萬神殿是西方建築的代表，歷經兩千多年，幾乎沒有任何改變，依然完好如初。而這裏之所以被稱為「萬神殿」，就是因為它是古羅馬人用來供奉所有神靈的崇高殿堂。

萬神殿最有名的就是巨大的穹頂，它的跨度達到了 43.3 米。據說，在它建成後的一千多年裏，沒有任何穹頂可以超越這一高度。那麼，這項壯舉究竟是如何完成的呢？

資料表明，在古羅馬時代，還沒有出現如今製作屋頂的龍骨技術，這

個大穹頂是在一根骨架也沒有的情況下，用混凝土澆築而成的。即使是在今天，這也是一項看似不可能的挑戰。在兩千年前，羅馬人之所以能夠取得成功，奧祕就在於重量的分配上。建造這個穹頂的時候，人們先用木頭製作好一個巨大的模具，再用最重的花崗岩混凝土澆築屋頂的底部一圈，上面再採用碎石混凝土，越往高處用料越輕，頂端甚至採用了可以漂在水上的火山口浮石來減重。最後，在最容易塌陷的穹頂中心，他們不再採用澆築的方法，而是留出一個九米寬的大天窗。這個設計，不僅維持了力學的平衡，還巧妙地解決了室內採光的問題。

這個巨大的穹頂，讓萬神殿內部成為一個完美的球體，向人們詮釋着宇宙包羅萬象的意境。從空中俯瞰，古羅馬人的建築奇跡宛如望向蒼穹的眼睛。或許，他們正是想通過這樣一種方式和神明對話，與天地交流。

浮石混凝土

碎石混凝土

花崗岩混凝土

🐫 西安大雁塔

大雁塔位於陝西西安的大慈恩寺內，又名慈恩寺塔。唐永徽三年（652年），為保存由天竺經絲綢之路帶回長安的經卷佛像，唐代高僧玄奘主持修建了大雁塔。這座塔最初為五層，後加蓋至九層，此後，層數和高度又經過數次變更，最後固定為今天的七層塔身。塔身通高 64.5 米，底層邊長 25.5 米。

🐪 羅馬萬神殿

萬神殿位於意大利羅馬市中心，是供奉羅馬眾神的神殿，也是古羅馬建築藝術的傑作。萬神殿始建於公元前 27 年，後來毀於火災，公元 120 年前後在哈德良皇帝時期重建，殘留的花崗岩石柱，成為重建後萬神殿的門廊，門廊頂上刻有初建時期的紀念性文字。萬神殿是一個巨大的圓柱體，上面覆蓋着半圓形屋頂，宏偉而華麗，代表了古羅馬建築的典型風格，是穹隆結構建築的至高典範。

17 園林之美

古代皇帝的後花園究竟是甚麼樣子呢？我一直很好奇。在羅馬郊區，有一座著名的皇家園林——哈德良別墅，它曾經被眾多的建築典籍稱為「人間伊甸園」。我來到這裏，一睹它的真容。

走進園區，我首先看到的，是松林掩映之中的高大的外牆。我想像不出牆的裏面藏着怎樣一個天地，因為我實在無法把像防禦工事一樣的高牆與園林二字聯繫起來。難道這就是古羅馬風格？走進園林之後，我才知道，裏面的情形完全超乎我的想像。我沒有想到，在酷暑難耐的羅馬，居然還有這樣一處世外桃源。寬闊而又舒朗的水面，讓我立刻感到了清涼與愜意。這座別墅中的眾多古跡，都在講述着同一個故事，那就是西方古典皇家園林營建的奧祕。

這座園林的主人哈德良大帝，曾以征戰四方、開疆拓土而名留青史。出

人意料的是，這位皇帝竟然還是個造園高手。園林的核心地帶，就是被稱作「夏季花園」的皇家池塘。這座池塘呈現出規整的幾何狀，周邊排列着精美的雕塑。園林中的全部景觀，都充分體現了西方園林的基本理念，那就是生活環境要與藝術和美融為一體。

仔細觀察之後，我發現這裏的一切大有文章。這裏的雕塑與建築，都並非羅馬常見的形式，而是具有明顯的古希臘風格。這倒是與歷史上描述的哈德良大帝十分吻合。這位皇帝平生的兩大愛好，就是旅行和收藏。當他征服了西方世界後，便把帝國廣袤疆域上囊括的所有建築風格，都融入到了自己的園林之中。這裏的柯林斯式石柱，有些許的馬其頓風格，半圓形的大廳是古埃及式的殿堂，拱券和門廊則有一些中東的格調，可以說，整座園林盡收皇帝遊歷天下所見之美景。所以，這座園林，其實就是一座陳列館，這位皇帝在這裏所享受的，不僅僅是美景，更是自己一生的豐功偉業。

哈德良別墅博採眾長的融合風格，被西方後世的眾多皇家園林所效仿，這也是這座人間伊甸園被人們稱為「萬園之園」的原因所在。

在熱鬧的西安市區，有一處鬧中取靜的地方，這就是興慶宮公園。這個如今西安人最熟悉的城市花園，在千百年前是絕對的宮廷禁地，它是唐玄宗李隆基的皇家園林。

唐玄宗一生的多數時間都生活在這個地方。花萼相輝樓是興慶宮的主體建築之一，唐玄宗常常在這裏辦公。另外，興慶宮裏還有一座著名的沉香亭，這個亭子初建時是用沉香木做的，雕樑畫棟，玲瓏剔透。當時它是一個文化名亭，李白還曾經寫下過「名花傾國兩相歡」，「沉香亭北倚欄杆」的詩句。在這樣的園林裏，唐代的皇帝們為自己營造了一個怎樣的世界呢？

在西安的大唐芙蓉園，我們可以再現千年古韻，真切地感受一番中國古典園林的魅力。登上樓台，可以看到當年帝王君臨天下獨享的風景。鱗次櫛比的建築，圍繞着一汪池水，水中還有小島點綴，這種佈局方式，正是中國皇家園林所遵循的「一池三山」的營建理念。

「一池三山」源於道家思想，主張師法自然，追求仙境。「一池」象徵著傳說中的東海，而「三山」則代表了神仙們居住的仙島。仙人們長生不老，與自然和諧共生，代表了一種人生理想，由此生發出的崇尚自然、師法自然、追求自然仙境的造園理念，也在各朝的皇家園林以及一些私家園林中得以繼承和發展。

中華園林是世界三大園林之一，園林文化是中華文化不可分割的一部分，「天人合一」的建築理念，超凡脫俗的人間仙境，是中國歷代帝王共同嚮往的精神世界，也是長安的皇家園林最為核心的思想內涵。

哈德良別墅

哈德良別墅是古羅馬的大型皇家花園，位於意大利羅馬省的蒂沃利古鎮，距羅馬 30 公里，佔地面積 68 平方公里。這座別墅是羅馬皇帝哈德良為自己修建的離宮與療養地。別墅內有浴場、圖書館、劇場、雕塑園、室外餐廳、廊榭等，融合了古埃及和希臘、羅馬的建築風格，展現出這位羅馬皇帝的品位與學識，也體現了羅馬帝國的強盛，因此成為後世意大利以及歐洲園林的典範。

興慶宮

興慶宮是唐代長安城三大宮殿群之一，位於長安東城春明門內。興慶宮是唐玄宗藩王時期的府邸，玄宗登基後大規模擴建，是唐玄宗開元、天寶時代的政治中心，也是玄宗與愛妃楊玉環長期居住的地方。宮內有興慶殿、南薰殿、大同殿、勤政務本樓、花萼相輝樓和沉香亭等建築物。安史之亂後，興慶宮成為太上皇或太后閒居之所，唐末長安城被毀，興慶宮被廢棄。如今，興慶宮遺址已經成為西安最大的城市公園。

18 羅馬橋長安樓

　　有過在羅馬生活的體驗之後，我深刻地體會到，在這裏，不論以何種方式出行，似乎都難以避免地要與各種各樣的橋打交道。

　　在羅馬，一條台伯河隔開了城市的東西兩個部分，河面上，大大小小的古橋有三十多座。這些古橋既是重要的交通樞紐，也是代表古羅馬高超工藝的標誌性建築。無論是在古代還是在今天，橋樑建築的難度都是極高的，能使用百年的大橋鳳毛麟角。那麼，古羅馬人建造的橋究竟有多堅固呢？

　　在台伯河上泛舟，從羅馬的橋下穿過，我彷彿進入了時光隧道。因為這些古橋之中，最年輕的也有近千歲了，可以說，它們是古羅馬文明橫跨歷史的見證。我發現，這些古橋有一個共同特點：它們都是石拱橋。這正是古羅馬橋樑技術精髓的體現。古羅馬人建造石拱橋的歷史，比其他民族更為悠久。世界上現存最古老的石拱橋，是建於公元前 62 年的法布雷西奧橋，這座橋至今仍然被當作城市幹道來使用。

　　從建築學的角度來說，這些橋樑的精妙之處，就在於採用了古羅馬人最擅長的拱券結構。與由柱子支撐的其他古代橋樑相比，羅馬人創造出的拱券是十分先進的。這種結構不僅在單位面積上有更好的承重，還可以為橋面提供均衡的受力，極大地降低橋樑坍塌的概率。更為可貴的是，拱券

結構的發明，大大增加了橋樑的跨度。原本要由幾十根柱子才能撐起的距離，有了拱券，就只需要幾個支點。這樣，就最大限度地減少了水流的推力對於橋樑的威脅。正是由於這個原因，這些古橋的堅實程度堪稱奇跡。千百年前，在技術條件十分原始的環境下，古羅馬人建造出了這些經得起歲月考驗的大橋，不得不說，他們的建築才能十分令人欽佩。

我們再來看看長安。古往今來，長安的樣貌已經發生了翻天覆地的變化，但它獨特的韻味卻從未改變。巍峨的樓閣，在今天依然是西安最具標誌性的建築。那麼，當時的長安為甚麼要建造那麼多的樓閣呢？也許有人會說，有城牆，當然就會有樓閣。然而，答案並沒有那麼簡單。

城樓作為城牆防禦體系的重要一環，的確是必不可少的。那些帶有軍事意義的箭樓、瞭望樓，在西安不勝枚舉，它們體現着這座古都曾經作為政治中心的重要性。但是，對於古長安眾多的樓閣來說，這類的樓閣只是一小部分。

可以說，中國人建樓的歷史與華夏文明一樣漫長。秦關漢闕，樓閣林立，到了大唐盛世，長安城裏更是出現了各種各樣的高樓。比如說，唐代的天文台就是一座造型獨特的樓，是當時科技水平的象徵。除了國家建設的樓閣之外，在唐代百姓的生活中，樓閣也隨處可見。監督市場的市樓，保障了商業運作；傳遞信息的望樓，實現了快捷的通訊；讓人們登高遠望的風景樓，滿足了文化娛樂的需求。可以說，大唐長安的樓閣，沒有上千，也有數百，絕對是數不勝數的。所有這些樓閣，都猶如人的耳目喉舌一般，具有各自的重要功能。它們連通着城市，發揮着不可替代的作用。鐘樓和鼓樓，就是通過鐘和鼓的語言，向四面八方報時，關鍵時刻還可以報警，

因為鐘聲一響，全城都能聽得見。對於城市來說，這個作用是必不可少的。

　　古代長安樓閣的雄風，今天依然不減當年。這些各具特色的樓閣，為這座十三朝古都打上了獨一無二的印記。

法布雷西奧橋

法布雷西奧橋是羅馬最古老的橋樑，建於公元前 62 年，公元前 23 年曾進行修繕與加固。因為橋樑一側的石柱上有一座四個人頭組成的雕像，所以又稱「四頭橋」。法布雷西奧橋是兩孔拱橋，長 62 米，寬 5.5 米，兩個橋拱之間的最大跨度是 24.5 米。這座橋跨越台伯河，連接東側的戰神廣場與河中央的台伯島，是現存唯一的古羅馬原版橋樑。如今，這座古橋仍在使用，而且依然保持着初建時的樣子。

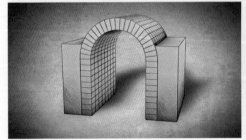

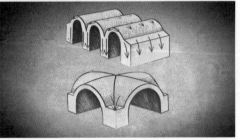

西安鐘樓

鐘樓位於西安市中心明城牆內，是西安的標誌性建築。中國古代有「晨鐘暮鼓」的報時習慣，鐘鼓樓就是古代用於報時的建築。西安鐘樓始建於明太祖洪武十七年（1384 年），方型基座，磚木結構，三層簷，四角攢頂，總高 36 米，佔地面積 1377 平方米。鐘樓的原址在廣濟街口的迎祥觀內，明神宗萬曆十年（1582 年）遷移至今址。西安鐘樓是中國現存鐘樓中形制最大、保存最完整的一座。

19　在水一方

　　長安和羅馬留給人的第一印象，一個是黃土的厚重，一個是巨石的堅硬。不過，在這兩座古城親身體會之後，就不難發現，它們同樣擁有一份柔美的景致，那就是城中的一方碧水。

　　「春城無處不飛花，寒食東風御柳斜。」在一千多年前的大唐長安，陽春三月，正是男女老少躍躍欲試準備踏青的時候。在一片盎然的生機之中，上至王公貴族，下至平民百姓，都會走出家門，奔着同一個目的地而來。

　　我來到西安的曲江池。在唐代，這裏是長安八景之一。它是由大詩人王維設計的，建在一片低窪的濕地上，周邊的人文景觀與自然景觀被完美地結合在一起。從名字就可以看出，曲江池少不了舒朗的水面。它位於長安城的東南角，是當時長安城裏不多見的對大眾開放的公園。試想，當時被四方城牆包裹、街道房屋密佈的長安城，有了這片水景作為公共景觀，那會是怎樣一種愜意的情景呢？

　　「公共景觀」這個詞是現代才有的建築概念，但在千百年前的長安城，人們已經認識到了它的必要性。曲江池是

當年百姓的樂園，而曲江池的靈魂，就是這裏的山水。從古至今，中國人造景都離不開築山理水，效法自然。在曲江池，亭台樓閣被巧妙地分佈在山水之間，疏密有致。雖然湖水和建築都是人工修建的，卻與自然結合得恰如其分，給人的感覺非常舒服。園內建築基本的構成元素，就是要與自然渾然一體，景致當中要有水、有山、有石頭，儘量地順其自然，不必刻意雕琢，這就是「雖為人造，宛若天開」。尤為可貴的是，曲江池是中國文人造景的典範。它強調意境，池水在一虛一實之間與建築融為一體，充滿想像力。當時，有很多文人墨客都在這裏吟詩作賦，享受詩情畫意。

看過了長安的水，我們再來看看西方景觀的柔美。

羅馬硬幣最多的地方在哪裏？不一定是銀行，也不一定是商店，而是位於城市中心的這座許願池。這裏是文藝復興時期意大利最著名的建築——特雷維噴泉。據統計，這座噴泉每年都會收穫來自幾十個國家、總計一百多萬歐元的「美好祝願」。我要尋找的以水為中心的西方景觀建築，正是噴泉。

世界上最早建造人工噴泉的，正是兩千五百多年前的古羅馬人。開始時，他們建造噴泉的目的，是為了在人口稠密區域解決公共飲水問題。也許這種設施出現之後，人們察覺到了潺潺流水、粼粼波光的賞心悅目，所以，後來出現的一千三百多座噴泉逐漸成為裝點這座城市的不二之選。

羅馬的噴泉究竟美在哪裏呢？特萊維噴泉是一個很好的例子。噴泉旁邊，海神的巨大雕塑栩栩如生，動物雕刻也極為逼真，噴薄而出的泉水，更是塑造出大海的波瀾。整個場面雖然取材於自然景象，卻處處體現着人

工美學的設計。同樣，在羅馬當時最宏偉的卡塞塔王宮大噴泉上，這種人工美學也被體現得淋漓盡致。大量風格迥異的造型和圖案被盡情地運用，而且互相滲透，打破了建築與雕塑、繪畫的界限。達·芬奇曾經說過：「美完全建立在神聖的比例上。」從羅馬的噴泉上，我們可以看到，古人所營造的，正是純粹的幾何結構和準確的對稱關係。

西方古典景觀建築，強調的是人賦予自然的秩序。在這樣的理念之下，古羅馬人用嚴謹和理性，成就了極富人文主義情懷的浪漫水景。

曲江池

曲江池是古都長安著名的風景區，位於唐代長安城東南，因水流曲折得名。曲江池有兩千多年歷史，秦代稱愷洲，並建有離宮，漢代在這裏開渠，漢武帝將其命名為「曲江」。盛唐時期，曲江池成為名冠京華的遊賞勝地，不僅是皇家園林，也是長安城內百姓的踏青遊覽勝地。唐代的很多詩人都曾遊歷曲江池，寫下膾炙人口的佳作。唐末，曲江池因戰亂而荒廢。如今，曲江池遺址被改造成公園，恢復再造了部分歷史文化景觀。

特雷維噴泉

特雷維噴泉位於意大利羅馬的威尼斯廣場與西班牙廣場之間，是羅馬知名度最高的噴泉。這座噴泉完成於 1762 年，由尼科拉·薩爾維設計，由神話雕塑和岩石瀑布共同組成。噴泉為巴洛克風格，以羅馬神話中海神尼普頓勝利歸來為題材，氣勢磅礴，人物塑像栩栩如生。據說背對噴泉投出硬幣，如果投進水中，就能夢想成真，所以遊人紛紛在這裏許願，這座噴泉也因此被稱為「許願泉」。

—PART2—

PART 2

城市奇觀

CHANG'AN
MEETS
ROME

20　超級工程

　　古往今來，交流互通的信念驅使人們踏出了腳下延綿千年的道路。中國古代的道路，在唐代達到了前所未有的高峰。無論是商人，還是外交官、軍人，都從這裏走向了四面八方。唐代的路，究竟是甚麼樣的呢？

　　我來到了西安明德門遺址。這裏曾經是唐代長安城的南大門。從 1972 年開始，考古挖掘工作持續至今。今天我在這裏見到的，是一個還未公佈於世的祕密。

　　中國社會科學院考古研究所研究員龔國強告訴我，明德門是長安城的正南門，從這兒往裏走是御道，再進去就是長安城。這裏的地面用的是夯土。在挖掘過程中，清理到遺址面之後，要對這裏進行平刮，隨後就可以看到夯土，遺跡也會逐漸顯現出來。從挖掘出來的紅燒土、木炭灰可以看

出，一抔黃土，在古長安人手中被運用得出神入化。不論路基、地磚，還是黏合劑，採用的都是黃土高原隨處可見的基本材料，真是化平凡為神奇。唐詩中曾有「長安大道沙為堤，早風無塵雨無泥」的詩句，這正是唐代道路工程質量過硬的最好證明。但是，這還不是最令人驚訝的。在西安含光門遺址博物館，我看到了唐代長安城的模型圖。城市的中央，是朱雀大街。這條街很寬，有一百五十多米，無論是在古今，這都算得上是非常寬的一條大街。一千多年前，以黃土為基礎的長安大道，哪怕放在今天，也依然是世界之最。這的確是極為罕見的古代工程奇觀。

　　古羅馬的道路一直讓我感到好奇，以條條大道聞名於世的古羅馬人，會如何建造他們的道路呢？我在專家的帶領下，來到了意大利人最引以為傲的阿皮亞古道。意大利文化遺產保護中心考古學家巴托洛梅奧·馬扎塔告訴我，這條路已經有兩千四百多歲了。如果不是親眼所見，我絕對不會相信，這樣的古道在今天居然車水馬龍，這真是太不可思議了。

專家說，這是一條非常重要的公路，修建於公元前 312 年，最初是為了讓羅馬軍隊能夠快速轉移到意大利中部而修建的，主要用於軍事目的。在羅馬征服意大利中部後，這條路連通了羅馬和帝國的行省，開始逐漸變得商業化，成為羅馬最重要的一條道路。能夠結實到經得起兩千多年時間考驗的道路，真是前所未有。這裏面究竟隱藏着甚麼樣的祕密呢？正當我對這個問題感到不解的時候，一處古道翻修的施工現場引起了我的注意。原來，古羅馬人鋪設道路，有自己獨特的施工方法。

據史料記載，古羅馬人修路的時候，首先要在底層鋪設許多鵝卵石，再用碎石塊鋪第二層，第三層則用石碴和沙子鋪實墊平，最後在表層用大塊的石頭拼接整齊，形成路面。這種多層結構，不用任何黏合劑，卻異常堅固，不僅抗壓能力強，而且與現代的馬路相比，不怕積水，不怕結冰。難怪經過了兩千多年，道路依然完好。這樣複雜的工程，即使在今天依靠機械作業，也非常不容易。兩千多年前，這樣的路卻鋪滿了整個古羅馬。可想而知，「條條大路通羅馬」，絕對是古人肩挑背扛創造出來的工程奇跡。

從長安到羅馬，東西方的文明先祖用古老的建築，在大地上留下了自己不甘平凡的印記。而我還會步履不停，因為在歷史的長河中，還有太多的奇跡等待着我去探尋。

大石頭

石碴和沙子

碎石塊

鵝卵石

🐫 明德門

明德門位於陝西西安，是隋唐時期長安城的正南門，也是隋唐長安的國門。明德門始建於隋開皇二年（582年），唐永徽五年（654年）重建，唐末毀於戰火。明德門與皇城朱雀門、宮城承天門共同構成唐代長安城的南北中軸線。在唐代，明德門是天子參加祀典的必經之門，也是民間為禳除災害而舉行祭祀活動的重要場所。如今，明德門遺址已經成為文物保護區，其考古發掘對於研究唐代城門形制以及唐代禮儀、交通等，都具有重要價值。

唐代 150 米寬的長安「朱雀大街」　　現代 150 米寬的阿根廷「七九大道」

CHANG'AN
MEETS
ROME

時尚設計

楊冬江，清華大學美術學院副院長、教授、博士生導師，中國美術家協會理事，意大利《INTERNI》雜誌中文版主編。

講述人　楊冬江

21 設計的力量

羅馬為甚麼被稱為絕美之城？對於這個問題，我一直感到很好奇。有人說，羅馬的絕美，是古老和現代融為一體的景色；也有人說，羅馬的絕美，是因為這裏充滿了浪漫的氣息。或許每個人對羅馬的理解與感受不盡相同，作為一名藝術工作者，我想通過自己的角度來尋找答案。

位於羅馬市中心的西班牙廣場，有世界上最著名的台階。很多年前，一部名叫《羅馬假日》的電影，讓這個廣場成為全球聞名的景點。每個來到羅馬的人，都喜歡來這裏坐一坐，體驗一下影片中的浪漫場景。我的探尋之旅，就從這裏開始。

我要尋找的，是一條名叫孔多蒂的街道。這條街很特別，雖然它的長度只有兩三百米，卻堪稱羅馬絕美的地標。在這條街上，古老的建築，時尚的人群，頂級的奢侈品，爭奇鬥豔。走在這條街上，那些慕名而來的人們，就像走進了藝術博物館。街面上的每一個櫥窗，都在展示着意大利人引以為傲的天

才設計。這些精美的物品，讓我看到了羅馬的另一面。羅馬的美，源於意大利人對於精緻生活和藝術品位的追求。

設計，是意大利的一張重要名片。自古以來，意大利人就有一種神奇的能力，他們特別擅長用藝術元素提升生活品質。獨具匠心的設計，使得日常生活中的一雙鞋、一塊錶、一件衣服，都變成了格調高雅的藝術品。當今世界，從汽車到珠寶，從時裝到家具，那些最頂尖的奢侈品牌，幾乎都是意大利人創造出來的。在生活的方方面面，幾乎都可以看到意大利人引領時尚風潮的神奇能力。對於這座絕美之城來說，設計正是它的軟實力。

西安華清宮是驪山腳下的皇家宮苑，來到這裏，彷彿穿越到了千年前的大唐。這裏上演的實景舞劇《長恨歌》，再現了當年發生在這裏的愛情故事。

盛唐時期的長安，被譽為東方風雅之都。舞台上那些唯美飄逸、如夢如幻的表演，在為我們重現那個時代的神奇與浪漫。但我有些疑惑，大唐早已遠去，如今我們看到的千年前的風華，究竟是想像，還是曾經的真實存在呢？在陝西咸陽的一座大唐公主的墓穴裏，我找到了答案。

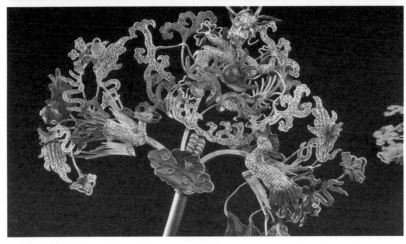

唐代永泰公主墓裏，有很多栩栩如生的壁畫，透過這些壁畫，我們可以感受到當時大唐的宮廷生活以及當時的風尚。雖然這些壁畫早已斑駁，但還是可以讓人看到歷史的一幕。仕女們雍容的華服、姣好的妝容、奇異的頭飾，甚至身穿胡服、女扮男裝的樣貌，都呈現出了那個開放時代唐人意趣盎然的審美追求，這就是千年前引領世界的東方風尚。這種代表中華文明的絕代風華，不僅讓日本以及東南亞的許多國家爭相效仿，還隨着絲綢之路傳播四海，讓古羅馬人和西方世界為之着迷。那些精彩絕倫的中國工藝設計，也被世界尊為典範。

一個是引領風潮的現代設計之國，一個是蜚聲千年的古代風雅之都。長安和羅馬，竟然在不同的時空裏，將不同的靈感賦予世界，而且穿越千年，從未間斷。那麼，究竟是甚麼力量，激發出不同文明背景下的人們非凡的創造力，把人類的生活裝點得如此絢麗多彩呢？我將繼續探尋，繼續尋找答案。

🐪 孔多蒂街

孔多蒂街位於意大利
羅馬市中心的西班牙
廣場，是羅馬最奢華
的購物街。這裏匯集
了各種世界級奢侈品
牌的店鋪，也有極具

當地特色的高品質好物。在這條街上，還可以感受羅馬風情，享受最純
正的意大利咖啡文化。始創於 1760 年的古希臘咖啡館，曾經接待過濟慈、
拜倫、肖邦、門德爾松、歌德等許多文化名人。孔多蒂街對面，就是著
名電影《羅馬假日》的取景地。

🐪 永泰公主墓

永泰公主墓位於陝西咸陽乾縣北部，是乾陵的 17 座陪葬墓之一。永
泰公主是唐高宗李治和武則天的孫女，死於唐大足元年（701 年），
時年僅 17 歲，後與丈夫合葬，陪葬乾陵。1960 年至 1962 年，永泰公
主墓出土了壁畫、陶俑、金玉銅器等珍貴文物。墓內的壁畫非常豐富，
這些壁畫大多描繪穿着華麗服裝的侍女，人物體態豐盈，神態各異，
描繪細緻入微，生動地展現出當時奢華的宮廷生活情景。

22　經典永流傳

羅馬被稱為時尚之都。這裏的街頭巷尾彷彿就是秀場，人們的穿着五花八門，異彩紛呈。那麼，在瞬息萬變的流行風潮中，究竟甚麼樣的服裝才能成為不過時的經典呢？

我來到羅馬的 Gattinoni 服裝定製工作室，尋訪一件堪稱世紀經典的服裝作品。服裝設計師斯蒂芬·多米內利帶著我參觀了他的工作室，也參觀了他們這裏的寶貝。他告訴我，這裏展示的，是著名演員奧黛麗·赫本穿過的一條裙子，1957 年，她穿着這件美麗的裙子，出演了電影《戰爭與和平》。這部電影很有名，而且，奧黛麗·赫本在中國有眾多影迷，所以，這件衣服在中國的知名度也是非常高的。不過，很多人並不知道它是怎樣設計的。

《戰爭與和平》是奧黛麗·赫本主演的一部史詩巨作，影片的故事發生在 19 世紀初的俄羅斯宮廷。儘管赫本氣質超人，但她過於消瘦的身材，卻並不適合影片中 150 年前的宮廷服裝。於是，這家高級私人定製公司，專門為赫本量身打造了一套服裝。他們用輕盈的薄紗替代了厚重的傳統面料，一改宮廷禮服雍容而又繁瑣的設計，整套裙裝清新脫俗。出人意料的是，這種新穎的設計，完全顛覆了那個時代的審美

風尚。最終，憑藉這種不同凡響的獨特設計，影片獲得了第 29 屆奧斯卡金像獎最佳服裝設計獎提名。影片中赫本在宮廷舞會上的驚豔亮相，給人們留下了難忘的記憶，這件裙裝也由此成為世紀經典。時隔七十多年，這件裙裝在今天看來依然令人心動。它不過時的奧祕，就在於超前的設計理念，這種理念就是優雅，簡約，凸顯個性。用貼合人體的剪裁，充分體現優美的線條，這也同樣是當代服裝設計的主流觀念。設計師告訴我，時尚要充分體現個性，要學會挑選適合自己身材的服裝，體現出自己的個性，對於時裝設計師來講，這一點是非常重要的。

私人訂製，純手工打造，是當今意大利高級時裝設計的一大特點。一對一的貼身服務，不僅可以保證服裝的品質，還可以充分體現設計師的靈感。經典的背後，體現的正是設計的力量。

在萬里之外，早在一千多年前，長安就創造了屬於中國人的經典。大唐華服，是當時東方世界最亮麗的一道風景，至今仍然撼動人心。這種雍容華貴的東方經典，究竟是怎樣創造出來的呢？在西安的華清宮，我找到了答案。

曾經代表大唐時尚的服裝服飾，很少有留存下來的，但是，在昔日大唐的這座皇家宮苑，通過這裏展出的服裝道具，我們依然能夠感受到大唐服飾的華美。這種華美，首先來自它獨特的面料。絲綢是中國獨有的發明，它輕柔飄逸的質地和鮮豔奪目的光彩，在當時無與倫比。刺繡，更是大唐華服上的一道亮麗風景。唐代女性擅長用細膩的絲線和精緻的圖案來描龍繡鳳，這種巧奪天工的服飾之美，造就了大唐華服的雍容華貴。大唐華服的款式，是當時社會審美風尚的體現。它既可以完美地體現唐代女性豐滿婀娜的形體之美，同時又符合中國文化含蓄內斂的理念，含而不露。在我看來，這些精美的華服不僅是穿越時空的經典，更是代表大唐盛世的一種文化符號，彰顯的是自信和高貴。

今天的西安，在一些充滿時尚感的工作室，穿越千年的盛裝華服，成了被年輕人追捧的新寵。讓我感到意外的是，穿戴之間，驚豔之餘，這些年輕人對傳統服飾文化又多了一些自己的理解，這也可以說是對經典的一種潛移默化的傳承。

無論是羅馬的時裝，還是長安的華服，真正的經典，一定是經得起歲月考驗的。

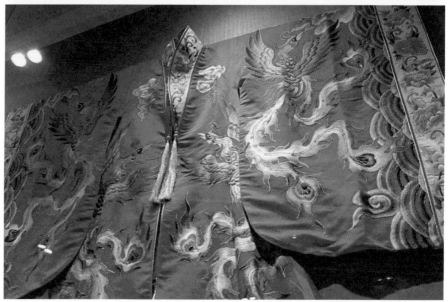

🐫 唐裝

唐裝是指唐制漢服，是漢族傳統服飾中的一種，種類多樣。唐代女裝可分為窄袖衫襦、長裙、胡服等。男子服飾在吸收胡服式樣的基礎上，一改漢魏時期寬衣博帶的風格，常服服飾主要為襆頭、圓領袍衫、革帶和長靴。由於唐代採取開放政策，對各國文化兼容並蓄，外來的裝束與本國服飾融會貫通，出現了很多新奇而又美麗的服裝樣式。

23　中國元素

　　位於西安的陝西歷史博物館，收藏着很多唐墓壁畫。當我面對這些壁畫，靜靜地凝視着畫面上出現的千年前的女子，唐詩中那些美麗的意境，就會浮現在腦海中。雖然她們身上飄逸的霓裳、華美的綾羅已經在歲月中褪去了顏色，但這種絕代芳華，至今依然影響着全世界的服飾文化。

　　意大利高級定製品牌 Curiel 舉行的秋冬時裝秀，巧妙地融合了中國元素，典雅華麗，充滿濃郁的東方韻味，令人賞心悅目。這些時裝的設計師，是一對意大利母女，她們的設計靈感，就來自中國的大唐服飾。女兒吉廖拉·寇蕊告訴我，她們一直對中國文化很着迷，並且一直在從偉大的中國文化中汲取靈感。母親拉菲拉·寇蕊說，她喜歡中國各個時代的服裝風格，尤其是唐代的服裝。這些服裝非常精緻，那些非同尋常的顏色，給了她很大的想像空間。

　　75 歲的拉菲拉，是寇蕊這個服裝設計家族的第三代傳人。百年以來，她們將一間裁縫店，發展成為意大利國寶級的高級服裝定製品牌。而西方藝術美學與中國元素的結合，正是她們獨特的設計風格。女兒吉廖拉·寇蕊說，她們在時裝設計上，總是會添加一些中國元素和東方特色，所有看到這些時裝的人，都會過目不忘。意大利設計師母女對中國元素的理解，簡單直接，充滿熱情。她們大膽地提煉和運用中國傳統服裝的樣式、花色等元素，這些

時裝既有東方風韻，又不失意大利宮廷獨有的氣質和風格。這種融合不僅讓人眼前一亮，還讓我們從中看到了長安與羅馬之間的聯繫。

中國元素，是當今時裝設計界的一個熱門話題。有趣的是，另一場別開生面的時裝秀，卻讓我看到了不同的解讀。這場前衛、大膽、彰顯個性的時裝秀，展示的是一位中國設計師的作品，他的名字叫苗苒。雖然他來自中國，可他的作品中，卻很難看出明顯的中國傳統符號。這又是為甚麼呢？帶着這樣的疑問，我來到了位於意大利米蘭的苗苒工作室。

在當代意大利時裝設計界，苗苒是活躍在一線的華人新銳設計師。他不僅被一些奢侈品牌聘為設計顧問，還是設計大師喬治·阿瑪尼收入門下的中國弟子。苗苒的成功，主要取決於他獨特的設計理念。苗苒的設計，追求自由灑脫的風格，他的靈感雖然來自中國，但他並不讚同在設計中直接運用中國元素。苗苒告訴我，其實，漢唐時期的中國，呈現出的是一種開放的生活方式與格局。真正影響世界的，是中國人的情懷，而不單單是視覺上簡單元素的拼貼。在苗苒看來，對於傳統的繼承，並不是將那些符號簡單地複製黏貼，而是應該將傳統元素轉換成現代語言，實現文化的提升和昇華。

苗苒的設計大量運用藍、灰、綠、紅、白、黑等接近自然的顏色，更多地選擇棉、麻、絲等天然面料，以刺繡和流蘇等手工元素，將灑脫、飄逸的東方氣韻，滲入到每個細節中。我們從苗苒的設計當中，其實

能夠看出很多東方元素，所以很多西方評論家或者設計師同行，也覺得在他的作品當中能夠看到很多東方智慧。我非常認同意大利著名時尚網站Vixmagazine 的評論：苗苒的設計結合了東西方的特點，充滿和諧的味道，創造力獨特。它不只是一時潮流，而是一種哲學。

墓室壁畫是中國傳統繪畫的重要組成部分，一般繪於墓室的四壁、頂部以及甬道兩側。古人相信人死後靈魂永生，權貴之家常常為死者營造豪華墓室，還會在墓室內繪製壁畫。在唐代，由於國力強大，經濟繁榮，墓室壁畫的規模與藝術水平也令前代望塵莫及。唐墓壁畫的內容包括建築、人物、器物、山水以及動植物等，形象地描繪了當時的禮儀規範、生活習俗、服飾特色、娛樂方式與建築風格。

24 千年的彩妝

早在遠古時代，人類就開始裝扮容顏，愛美的天性，讓古今中外的女人都在精心地裝扮着自己的臉。我發現，在長安和羅馬的美妝歷史中，儘管人們都是在表現美，但東西方的妝容卻千變萬化，有着巨大的差異。它們究竟為甚麼會如此不同呢？

在今天的羅馬，有許多大大小小的美妝工作室，很多女性在參加社交活動之前，都會在這樣的地方精心打扮一番。為了探尋意大利彩妝的奧祕，我來到了羅馬著名的 13 號化妝工作室，請求化妝師為我展示一下化妝的過程。

目前，全球大約 70% 的彩妝產品都來自意大利。化妝是意大利人對藝術與時尚的一種特殊表達。工作室裏的化妝師就像一位藝術家，在女孩的臉上展現着他對美的理解。旁邊的化妝枱上，有非常多的彩妝顏色，看起來就像畫家的調色板一樣，化妝師正是通過這些顏色來進行造型的。化妝師告訴我，他會根據顧客的皮膚顏色和不同的妝容來選擇不同的彩妝。

　　意大利人的化妝術起源於古羅馬時期。受古希臘繪畫美學和造型藝術的影響，他們的化妝，歷來注重健康的膚色和五官輪廓的塑造。為了加強立體的美感，他們發明了色系豐富的色粉、腮紅、眼影等等，用不同的顏色在臉部不同的部位表現明暗效果，有陰影，有高光，就像畫家畫畫一樣。在眼睛的塑造上，意大利人更是下足了功夫。為了讓眼睛更大更有神采，他們用各種眼影，分不同的層次，畫出立體效果，並且用眼線和睫毛膏來加強眼睛的輪廓，使眼睛更加完美、深邃。

　　意大利人對於化妝的理解，實際上是對古羅馬美學的一種傳承。他們更強調立體的造型關係。如今，意大利人創造的這種追求自然立體的美妝，已經征服了全世界。

　　在一千多年前的長安，中國人也創造了自己獨特的彩妝。那麼，千年前的中國彩妝究竟是甚麼樣的呢？西安博物院收藏的幾件雕塑，讓我看到了唐代女性的妝容。在今天看來，這種臉上塗滿腮紅的豔麗妝容有些誇張，也有些令人費解。唐代的女性的妝容為甚麼會是這個樣子呢？

在今天的西安，彩妝工作室非常流行。這些工作室所進行的造型設計，很多都從唐代妝容上汲取了靈感。在一家化妝工作室，化妝師告訴我，唐代的復原妝，粉和腮紅都非常厚重，這種妝容被稱為酒暈妝。所謂酒暈妝，就是類似飲酒之後臉頰通紅的妝容，據說這是受到了胡人的影響。唐代崇尚富麗，因此，用鉛白打底、胭脂塗面的紅妝，是當時最流行的時尚。

在唐代，畫眉是女子的必修課，而畫眉的樣式，居然有幾十種之多。有的女子為了表達不同的心情，眉形每天一換，其他不甘示弱的女子也爭相效仿，於是，畫得一手好眉，就成了很多女子追求的目標。這種怪異而又誇張的畫眉之風，至今還影響着日本女性。

貼花鈿，塗脣脂，點面靨，描斜紅，這些都是唐代女子妝容的奇觀。與西方人追求立體自然的妝容不同的是，唐人注重平面上的視覺衝擊，用豔麗的色彩反差，描繪出精緻華美的世界。這不僅平添了女子的嫵媚，還傳遞出大唐盛世的文化信息。唐代是開放包容的時代，富足的生活與空前的地位，激發了唐代女子追求美的潛能。她們在自己的臉上充分施展着想像力，用標新立異的妝容，大膽地表達着自信的美。千年前唐代女子的獨特魅力，至今還會讓人產生無盡的遐想。

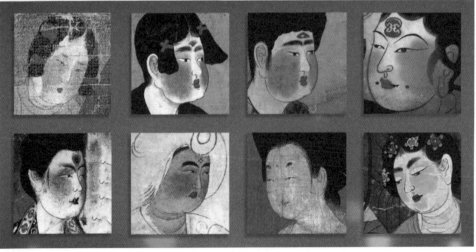

唐代妝容

唐代社會安定，經濟發達，為美妝文化奠定了基礎。唐代女性的妝容常常流露出雍容華貴的氣息。濃豔的紅妝是面妝的主流，化妝時，面部要塗抹白色的底妝，兩頰的胭脂常常會畫成圓形，而且面積很大。這種紅妝包括酒暈妝、桃花妝、飛霞妝等不同類型。唐代的眉式非常豐富，唇妝以小巧圓潤為美，面妝化好之後，還要在額頭畫花，再貼上金箔，完成整體造型。透過唐代亮麗的妝容，可以看到那個時代女性的開放與自信。

25　餐桌上的設計

　　作為一個藝術設計工作者，我喜歡探尋充滿設計靈感的藝術品。在今天的意大利，藝術設計早已滲透在社會生活的方方面面，徹底改變了人們的生活觀念。我來到羅馬的世界設計夢工廠。這是一個充滿創意的地方，在這裏可以看到很多經典的設計作品，從中可以了解到意大利人在餐桌上究竟有哪些非凡的設計靈感。

　　意大利人最大的特點，就是把設計放在了日常生活中最重要的位置。擺放在這裏的那些造型新穎的器皿，都是著名設計大師的作品。著名後現代設計師邁克爾·格雷夫斯設計的一款水壺，顛覆了人們對於傳統水壺的印象。這款水壺最突出的特徵，就是在壺嘴處有一個小鳥的形象，壺裏的水燒開時，小鳥會發出口哨聲。它既實用又美觀，被認為是經典的後現代主義作品。意大利設計師喬凡諾尼設計的餐桌藝術品，雖然只是一些小小的容器，但獨特的造型與明快的顏色，卻使得它們富有童趣。著名設計師門迪尼設計的安娜開瓶器，把實用性與藝術性很好地結合在一起，又把趣味性引入到生活當中。這款紅酒開瓶器被譽為自開瓶器誕生以來劃時代的產品，它把開瓶器從簡單的機械化造型轉化為高度擬人化的可愛造型，給廚房用品開創了新的設計思路。

　　把藝術趣味融入生活細節，是意大利人餐具設計的理念。而這種實用

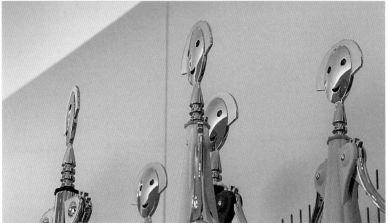

主義與藝術相結合的設計理念，正是源於意大利悠久的文化傳統。早在古羅馬時期，意大利人就熱衷於餐具設計，他們用藝術的手法製作精美的餐具，以顯示財富和品位。在 21 世紀的今天，這種古老的傳統依然影響着意大利的設計行業。設計師阿萊西奧・阿萊西告訴我，意大利設計的特色，就是用藝術的理念，把家庭中普通的日用品變成令人賞心悅目的實用藝術品。在意大利設計師眼中，好的產品，首先必須是一件藝術品。他們用藝術引領設計，用美的方法把餐桌變成了令人耳目一新的現代藝術展覽。

如果說主導意大利餐具設計的是藝術，那麼，千百年來影響中國餐具設計的，又是甚麼呢？

1970 年，西安南郊的何家村發現了一處唐代皇家窖藏，出土的工藝品多為唐代皇室的日常用品，藝術價值極高，如今，這些窖藏中的文物，已經成為陝西歷史博物館的鎮館之寶。它們為後人揭開了唐代宮廷生活的神祕面紗。這批珍貴的文物中，有很多精美的餐具。這些餐具造型優雅，紋飾精緻，做工考究，代表了當時中國餐具文化的最高水平。

在唐代宮廷，宴飲是一種充滿儀式感的禮儀活動。它必須遵循嚴格的禮制，除了其他禮節上的要求，餐具也是等級的象徵。金銀器專供皇家和貴族使用，這類餐具的造型和紋飾設計，不僅要體現精湛的工藝，彰顯富麗堂皇的皇家特色，還要表達吉祥安康的寓意。可以說，這種文化內涵，一直影響着後世的餐具設計。何家村出土的鴛鴦蓮瓣紋金碗，就是唐代金銀器中富麗華美的器物之一。它莊重典雅，紋飾紛繁瑰麗，每個蓮瓣內都以一種珍禽異獸或植物作為主題，象徵着和諧美滿。

在唐代，皇室使用的瓷器也十分考究。陝西寶雞法門寺出土的祕色瓷，是我們迄今唯一能夠看到的唐代皇家用瓷，據說，製作這種瓷器的祕方早已失傳。這些祕色瓷器造型簡約高雅，線條優美流暢，富有韻律。其中的兩隻瓷碗尤其精美，精緻的碗上滿是鎏金團花、比翼雙飛的雀鳥紋飾，圖案生動，構思巧妙。

大唐是開放包容的時代。陝西歷史博物館還收藏了很多來自波斯和地中海沿岸的琉璃餐具，這些晶瑩剔透、充滿異域色彩的琉璃器皿，同樣深受宮廷青睞，映射出文明交融的獨特寓意。如今，曾經的輝煌時代早已遠去，但是，這些古老的餐具，不僅成為大唐盛世的縮影，也成為中國文化底蘊的載體。無論時代如何變遷，獨特的中國文化符號，永遠是中國餐具設計的主題。

秘色瓷

秘色瓷屬於中國傳統瓷器中的越窯青瓷，出現於唐五代之際，因製作工藝祕而不宣，所以被稱為「祕色瓷」。這是專為宮廷燒製的瓷器，數量極少，而且工藝已經失傳。1987年，在陝西寶雞的法門寺的地宮中，出土了13件越窯青瓷器物。這些目前僅存的祕色瓷造型簡潔，外表如冰似玉，釉色晶瑩潤澤，可以看出唐代越窯在燒造技藝方面的高度成就。

26　兩把椅子

在我們需要坐下的時候，很自然地就會伸展後背，搭起胳膊，所以，椅子這種最常見的家具，自然貫穿着人類的歷史。但幾千年來，它被文明賦予的意義，絕不只是供人就座那麼簡單，它體現出的，還有文化的內涵。這一點，在中國古典椅子的設計上表達得尤為明顯。那麼，中國古人的設計理念究竟有甚麼獨到之處呢？

中國的椅子誕生於漢唐之際，而在更久之前，中國人習慣的坐姿就已經確定了。在西安的陝西歷史博物館，我們可以看到，很多雕像已經刻畫出了符合禮儀的坐姿。

中國人常說「坐有坐相」，講究「坐如鐘」。不論在甚麼場合，坐姿都是禮儀的重要組成部分，絕不是一件隨便的事。所以，椅子從出現那天起，設計就必須做到尊嚴第一，舒適第二。當這兩點相悖時，舒適一定要讓位於尊嚴。古

代西方的椅子，也十分重視這種儀式感，雖然它們更多的是在裝飾上做文章，但東西方的傳統理念，都是在用設計語言來貫徹一種行為規範。

中國椅子的設計是以人文精神為本的，強調人坐在椅子上整體造型的氣質感。椅子設計得四平八穩，方方正正，就是要讓使用者正襟危坐。這樣的椅子，只要坐在上面，就絕不可能東倒西歪。在這樣一種氛圍之下，不僅端莊和優雅被自然而然地表達出來，甚至還會令人感到肅然起敬。

中國椅子多選用硬實的珍貴木材和經久不壞的榫卯工藝，質感上的厚重大氣，可以使一把簡單的椅子顯出成熟與沉穩，傳達出一種東方美學的修養。更為精妙的是，這種椅子虛實結合的結構，不僅美觀，還十分符合人體工程學的原理，做到在頭、頸、背、腰、臂這五個部分重點支撐，而在其他地方釋放壓力，流通空氣，這樣，椅子上的人即便是端坐，也可以坐得久，坐得穩。古典的中國椅子，將東西方傳統設計理念中用形式影響生活的文化內涵，表達得淋漓盡致。難怪明式圈椅這樣的經典之作，在數

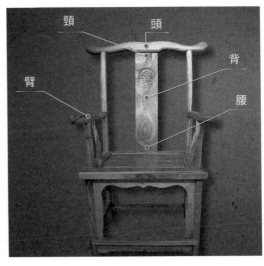

百年後，仍然在世界範圍內深刻影響着現代設計風尚。

說到椅子的現代設計，意大利人可以說造詣頗深。在當今世界的家具舞台上，意大利的眾多先鋒品牌，以其極具創意的設計思路，備受世人矚目，特別是那些風格前衛的椅子，總能引領時尚的潮流。

位於米蘭的卡特爾設計博物館，是著名的時尚設計博物館。在這裏，我們可以看到，意大利人將非常普通的塑料運用到了時尚的產品當中。塑料椅子很常見，成本也十分低廉。可是，意大利人的塑料椅子，卻能以極其昂貴的價格，每年賣出上百萬把。他們的設計，究竟有甚麼特別之處呢？

卡特爾設計創始人克勞迪奧‧盧蒂告訴我，他們使用的材料，都可以進行深度加工，在設計中，他們大量運用了現代化的承壓技術和模具，體現了新型塑料的特點。原來，這些設計師們最看重的，是塑料卓越的可塑性。在尖端科技的支持下，這種新型的塑料能夠超越其他材料，挑戰曾經無法完成的新奇造型，掀起一場設計的革命。

克勞迪奧‧盧蒂說，設計師必須用最好的創意和革新精神來製作產品。所以，真正讓這些椅子價值千金的，不是簡單的材料，而是腦洞大開的想像力和別具一格的審美。這裏展出的著名的「路易幽靈椅」，不僅是世界上第一把一次成型的全透明椅子，更是突破傳統，將新型材料與巴洛克風格相融合，使椅子成為藝術的載體。自 2002 年誕生以來，這把椅子風靡全球，連英國女王也對它評價頗高。透過這樣的作品，我們可以看到，在意大利人眼中，椅子的當代設計正是對於創新的追求與探索。它不僅要實用，更要成為一件藝術品，用概念來傳達審美，用藝術來引領生活。

圈椅

圈椅是一種造型獨特的椅子，在中國古典傢具中極具代表性。它的特點是圈背連着扶手，從高到低一順而下，造型圓潤優美，而且非常舒適。圈椅起源於唐代，在明代發展到頂峰。明式圈椅崇尚質樸之風，講究木材本身的肌理，造古樸典雅，製作技藝爐火純青，其簡約流暢的線條、完美的弧度，都對中外現代家具設計產生了極大的影響。

路易幽靈椅

路易幽靈椅是意大利家具品牌「卡特爾」（Kartel）的經典產品，由法國設計師菲利普·斯塔克設計。這把椅子的外形來源於路易十五時期的巴洛克座椅樣式，卻有全新的視覺體驗。椅子用聚碳酸酯製成，透明的椅身如同若隱若現的幽靈一般，這也是「幽靈椅」名稱的由來。這把椅子顛覆了傳統家具的製作方式和設計理念，透明的材質與任何風格的室內裝飾搭配在一起，都不會有違和感。

27 工匠精神

如今的工業化社會，早已不再是手工匠人的黃金時代，但對於品質的更高追求，卻讓我們倍加珍惜那些匠人世代堅守的工匠精神。

在羅馬街頭林立的商鋪之中，我發現了一家皮具店，雖然它看上去似乎沒有甚麼特別之處，但是，這家店在這裏可以說家喻戶曉，因為它已經有上百年的歷史。幾個世紀以來，意大利人的皮具始終以用料考究、做工精良著稱，這門手藝，是他們引以為傲的傳統。那些意大利範兒的手工皮包、皮鞋，一直都被國際大牌當作學習的典範。

這家店裏的皮匠費魯喬·塞拉菲尼已經八十多歲了，在他們的家族，皮具的製作已經有了四代的傳承。看似簡單的皮具，在這個家族當中已經成為藝術品。我準備好好看看他們是如何通過手藝來延續經典的。老先生對我說，他要先做一個皮包的提手，做這個很費時間。做皮包的時候，整張的皮子要立起來，處理好邊角，這是為了讓皮革達到更好的柔軟度，這樣做出來的效果才更好。

在傳統的手工作坊裏，任何皮具從圖紙到成品，都要經歷複雜的過程，這可不是摁幾下開關那麼簡單的。那些我們習以為常的物件，往往要經歷幾十種工藝甚至上百道步驟的反覆打磨。修剪一條皮帶，可能需要大半天；

製作一個皮包，也許需要一週；而精心打造一雙純手工皮鞋需要的時間更長，哪怕是幹了一輩子的老師傅，有時都要花上幾個月的工夫。慢工出細活，這樣一針一線而來的品質，絕對不是瞬間能夠生產無數商品的機械流水線可以比擬的。

　　皮具完成之後，老先生會把自家的印章用手工的方法烙上去。一個小小的印記當中，可以看到手工的溫度，也可以看到技藝的傳承。老先生從

他的先輩那裏學到了這種技藝，如今，老先生的女兒女婿，也在從他這裏
學習同樣的技藝，並且把它傳承下去。親身體驗之後，我終於明白，羅馬
的匠人們所堅守的工匠精神，是對傳統的保留和繼承。他們相信，只有延
續原汁原味的工藝細節，才能夠延續經典。然而在西安，這份堅守卻有所
不同。

「滄海月明珠有淚，藍田日暖玉生煙。」西安藍田的玉雕工藝，至今
已經傳承了千百年。與想像不同的是，我探訪的這位玉雕匠人，並沒有在
傳統作坊裏進行創作，而是走進了陝西藝術職業學院的教室。

尋琇琳是屈指可數的藍田玉雕技藝傳承人，從他這一輩人開始，這門
古老的手藝從民間走入了學院，從個人創作走入了更加系統和全面的研究。
尋琇琳告訴我，他從事這個行業已近四十年。與西方工匠堅持手工製作不
同的是，在這裏，已經很少能看到工匠用傳統的刻刀來雕刻玉石，在玉雕
製作的過程中，許多現代化的設備已經廣泛地得到運用。那麼，這還能算
是傳統的手藝嗎？

尋琇琳說，玉雕過程，主要是去除玉料的過程。製作過程其實依然是
手工，只不過是借助了一些現代工具，使得製作的效率更高了。原來，在
工匠們看來，玉雕工藝真正需要堅守的，並非一成不變的工具和加工方式，
而是傳統理念和手法的精髓。玉不琢不成器。世代相傳的花紋式樣，濃縮
着古典的審美；沿用千百年的構圖佈局，傳遞着文化的符號。西安的工匠
們，傳承的是傳統工藝對於美的塑造。對於他們來說，守住了傳統設計的
藝術思考，守住了精神內涵，才是真正守住了傳統工藝的靈魂。

藍田玉雕

藍田玉雕是西安藍田的民間工藝品，起源於秦漢，興盛於隋唐。藍田玉光澤瑩潤，玉色飽滿。春秋戰國時期，藍田玉已被廣泛用於飾品、兵器等。漢代，藍田玉進入宮廷與民間生活中。唐代經濟繁榮，對奢侈品的需求量極大，因此藍田玉雕也在唐代進入鼎盛時期。藍田玉雕以精巧見長，選料考究，玉碗、玉鐲、酒具等都達到很高的藝術境界。李商隱的詩句「滄海月明珠有淚，藍田日暖玉生煙」，更是成就了藍田玉的千古美名。

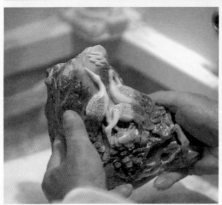
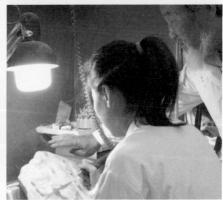

—— PART3 ——

PART 3

時尚設計

CHANGAN
WITH
ROME

28 汽車夢

羅馬的人民廣場，坐落着聞名世界的達·芬奇博物館。說起意大利文藝復興三傑之一的萊昂納多·達·芬奇，人們總會在第一時間想起他的傳世畫作，但事實上，達·芬奇不僅是非凡的畫家，更是一位遠超自己時代的偉大設計師。

在達·芬奇博物館，翻開古樸的達·芬奇手稿，我們可以看到，許多在現代才出現的機械結構，居然在這裏已經塵封了六百多年。更讓我吃驚的是，在那個時代，達·芬奇眾多超前的設計之中，居然還有一輛能自動行走的車，這輛車是達·芬奇在他的《大西洋古抄本》當中繪製的。那麼，這輛車究竟長得是甚麼樣呢？

按照達·芬奇的圖紙，後人製作出了這輛車的模型。這些木頭組成的機械構造，就是我們已知的人類汽車夢想的起點。各自獨立運作的驅動、傳動、

操控和承載四大系統，與現代汽車幾乎如出一轍，這無疑為汽車之夢開了一個好頭。六百多年後的今天，夢想早已照進現實，達·芬奇的後裔們成功地讓意大利成為當代獨樹一幟的汽車王國，在各方面都走在了世界的前沿。

改革開放以來，中國的汽車工業蓬勃發展，在新世紀之初一躍成為世界第一的汽車產銷大國。作為最早與中國汽車行業展開合作的國家之一，意大利一路走來的發展經驗是值得我們借鑒的。那麼，在汽車品牌層出不窮的當代，意大利的汽車究竟如何以自己的風格成就了首屈一指的全球影響力呢？帶着這個疑問，我來到了位於都靈的意大利國家汽車博物館。博物館館長瑪利亞·門戈奇告訴我，這個博物館第一次舉行展覽是在 1932 年。1936 年，這裏成為國家博物館，現在這裏展覽的汽車，共有二百多輛。

得知我來自中國，館長女士高興地對我說，其實，中意兩國的汽車文化早有交流，她十分佩服中國汽車的發展速度，而且願意與中國同行分享意大利汽車的發展經驗。她驕傲地告訴我，當年，人類歷史上第一屆汽車拉力賽，也就是北京到巴黎的汽車賽，獲勝的就是如今收藏在這個博物館的一輛意大利老爺車。

意大利人是善於學習、善於總結經驗的。在這個博物館裏，我切實地看到了他們的心路歷程。在汽車的各個發展階段，他們總是能把自己的優勢與藝術思考相結合，創造出一種獨特的設計語言和時尚文化。這的確是他們的長處。

在現代汽車起步時，意大利人就把從古羅馬時代傳承而來的馬車減震與轉向技術融入了汽車設計中，大大提升了早期汽車的舒適度和操控感。家用汽車逐漸普及之後，意大利人在注重汽車實用性的同時，也不忘提升設計的藝術品位，他們設計出的眾多潮流車型，不僅走進意大利的千家萬戶，而且暢銷全世界。在科技突飛猛進、動力技術不斷提升的新時代，意大利人更是用新穎前衛的造型設計，重新定義了人們眼中的速度機器，引領了勢不可擋的跑車風尚。可以說，意大利人的設計追求，為汽車這種原本平常的工業產品描繪出了傳奇色彩。

博物館館長說，汽車是人類實現夢想的工具，而意大利的設計一直有它自己的特點。意大利人喜歡挑戰，既受到傳統文化的熏陶，也會從身邊的一切事物中激發靈感，所以才能夠做得更好。行走於博物館的展廳之間，瀏覽着意大利汽車的光榮歷史，我意識到，永遠把設計放在第一位，創造屬於自己的汽車文化，正是意大利人成功的祕訣，更是他們始終堅持的發展方向。

如今，汽車在我們生活中扮演着越來越重要的角色，隨着中國汽車的全民化，意大利人的成功經驗，也會成為當代中國設計師的絕佳助力。人類六百餘年的汽車夢，是永不停息的設計之夢，在中國的設計理念不斷成熟的新時代，我相信，中國汽車領跑世界的那一天不會太遠。

北京—巴黎汽車拉力賽（1907年）

1907年北京—巴黎汽車拉力賽是人類歷史上第一次跨洲的汽車賽事，由巴黎《晨報》主辦，參賽的有來自荷蘭、法國和意大利的五支車隊。參賽車由輪船運抵上海、天津，再運到北京。1907年6月10日，五輛賽車從北京出發，穿越蒙古草原，經過西伯利亞，62天後陸續抵達巴黎，意大利車隊奪冠。1907年北京—巴黎汽車拉力賽是世界汽車運動的原始之旅，對汽車產業的發展產生了深遠影響。

29　與大師對話

　　西安曲江國際會展中心，正在舉行國際車展。這是西安的一件大事，它是中國汽車逐步走向世界舞台的見證。短短幾十年間，中國汽車的設計正從簡單模仿向自主創新不斷蛻變，開始躋身國際先進水平。

　　中國汽車在發展歷程中，當然少不了與外國設計師的交流合作。被譽為「世紀設計大師」的意大利人喬治亞羅，就是其中最知名的一個。從1983年中國的第一款合資轎車桑塔納，到2018年驚豔世界的中國高科技概念跑車至仁，設計團隊中都能看到喬治亞羅的身影。那麼，這位設計師究竟是一個甚麼樣的人，他又和中國汽車有着怎樣的不解之緣呢？

　　我來到意大利拜訪這位大師。出人意料的是，我所尋找的喬治亞羅的設計工作室並不在現代都市的叢林中，而是坐落在都靈幽靜的鄉村別墅裏。

　　剛剛見到喬治亞羅，他獨特的氣質就給我留下了深刻的印象。這位大師已經八十多歲了，卻依然像年輕人一樣活力四射。對於中國朋友，他非常親切熱情，毫無陌生感。而這所房子，與其說是現代的汽車設計室，不如說更像一間美術館，處處都凸顯着濃郁的藝術氣息。這裏有古典風格的室內陳設，也有現代風格的藝術作品，精美而又典雅。我不禁好奇，在這樣的藝術氛圍中，他究竟是怎樣設計汽車產品的呢？

喬治亞羅告訴我，設計的第一步，就是畫出測量數據，還要畫出正面和側面的視圖。設計的時候，畫概念草圖是最重要的一步，草圖完成後，才能交給下面的工程師，然後還要製作模型。六十多年來，在每輛車最初的構思上，老先生一直堅持用手繪來展現設計的藝術質感。用他的話來說，就是：「美麗的線條，只有用筆才能畫得出來。」而提到中國汽車，喬治亞羅感到十分自豪。中國的國產汽車品牌，如紅旗、奇瑞、奔騰、中華，有很多暢銷車型，都是他與中國設計師共同合作完成的。喬治亞羅還說，正是深受中國文化的啟發，他的許多設計方案才得以實現。在 2012 年參與紅旗 H7 的設計時，他將黃果樹瀑布、天安門城樓的概念引入造型，把意大利設計理念與中國美學元素相結合，融會東西，創造出了新穎別致的大氣風範。聽完他的這一番話，我更想仔細地看看他的作品了。

在喬治亞羅設計中心，我看到了一個從圖紙走入現實的汽車帝國。沒想到，這麼多在設計史上掀起造型浪潮的經典車型，都出自喬治亞羅的筆下。半個世紀以來，他的作品不僅遍佈世界頂級的汽車品牌，更是頻繁出現在中國人的生活中。毫無疑問，喬治亞羅先生是走在時代前沿的人。

喬治亞羅給我介紹了他在設計時如何平衡藝術和科技之間的關係。他說，設計不能只靠想像，這種想像還必須能夠實現。科技不斷發展，每隔幾年，總會有新的技術產生，這種新技術決定了汽車設計的形式和功能，所以，對於設計者來說，掌握最新的技術不僅是必須的，而且是非常重要的。早在 20 世紀 50 年代，喬治亞羅就利用當時最新的空氣動力學理論，獨創了一系列美麗的流線造型，技驚四座。之後他又大膽顛覆，利用當時的汽車結構技術，開創了稜角鮮明、立體挺拔的設計美學，影響至今。他成功的關鍵，就在於把汽車當作科技領域的藝術品，永遠把藝術創作放在首位。

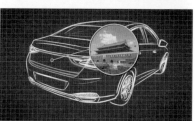

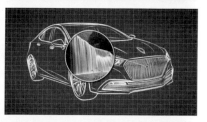

146

這次短短的拜訪，讓我看到了大師的風範，也看到了意大利設計對我們的啟迪。如今，中國汽車正在逐步為世界所熟知。在國際舞台上，我們不僅要有科技的進步，更要用成熟的設計理念創造新時代的中國風格。

喬蓋托·喬治亞羅

喬蓋托·喬治亞羅（1938—）是意大利汽車設計師，出生於意大利西北部小城的藝術世家，畢業於都靈美術學院，曾經在菲亞特汽車公司以及著名的博通設計室工作。在世界汽車設計領域，喬治亞羅被稱為「世紀設計大師」，為阿爾法羅密歐、菲亞特、保時捷、法拉利、阿斯頓馬丁、瑪莎拉蒂、大眾等許多汽車公司提供了經典設計。此外，他還與中國汽車設計師合作，參與了中華、紅旗等中國汽車的設計。

— PART3 —

PART 3

時尚設計

CHANG AN
meets
ROME

30　廳堂之上

古往今來，人們的家庭生活，常常是以廳堂這個獨特的空間為中心的。對於一座房屋來說，廳堂的樣貌是設計的重要體現。儘管當今世界的藝術風格豐富多彩，但家居陳設和佈局的理念，其實都植根於東西方各有所長的傳統。

在意大利，我拜訪了一個傳統的羅馬家庭。來這裏之前，我就聽說，這棟房子裏藏着一個祕密，這個祕密究竟是甚麼呢？意大利人的廳堂又有甚麼特點呢？

傳統的西方廳堂，其實就是客廳加餐廳。這個空間我們很熟悉，但他們那種的實用主義設計理念，我們卻未必了解。在這個意大利家庭裏，我們看到，家裏的家具、裝飾的繪畫，都充滿古典氣息，同屬古典風格的沙發椅、靠背椅，構成了非常溫馨的氛圍。意大利人的客廳，多作起居使用，佈局相對自由，沙發和椅子的排列沒有主次和方位的概念，櫃子、

書架、茶几的配置也沒有固定的規則，按照需求可多可少。所以，西方客廳最重要的設計思路，就是多功能。這裏既可以是休閒空間，也可以是娛樂空間，不論是讀書，還是聊天，大家都能各行其便。令人意想不到的是，女主人告訴我，餐廳是絕對不能這樣佈置的，這又是為甚麼呢？

在這棟房子裏，餐廳採用的是傳統的歐式佈局。與客廳相比，餐廳才是意大利家庭最重要的社交空間。那些看似大快朵頤的時刻，其實是家庭成員悉數出席、解決大事小事的重要場合。所以，餐廳在佈局上顯得直接很多。除了桌椅、餐櫃和必要的燈光，少有其他家具。這樣的設計，就是為了滿足單一的功能需求，讓大家把注意力集中在圍桌而坐的交流裏。不過，我看了半天，那個祕密究竟在哪裏呢？

原來，這棟房子下面真的有一個祕密。女主人為我們打開地下室的門，兩千年前古羅馬人的居住空間展現在我們面前，這裏不僅可以看到當時房屋的樣貌與佈局，還能看到陶罐等生活用品。能在普通民居的地下發現如

此難得一見的古跡，真是讓人感到驚喜。一眼千年，儘管這裏早已物是人非，但廳堂的基本格局卻與今天並無兩樣，很明顯，它也是按照使用功能來劃分區域、佈置陳設的。我現在才切實地感受到，西方強調實用主義的設計傳統，真的是一脈相承的。

相比之下，中國人的廳堂就完全不同了，我們的設計，通常會有另一種選擇。那麼，傳統的中國家庭會如何佈置他們的廳堂呢？俗話說：「上得廳堂、下得廚房。」在幾乎所有的古宅裏，廳堂都是地位最高的室內空間。它既是一戶人家的臉面，又是主人身份與尊嚴的象徵。所以，在傳統的設計理念上，廳堂的佈局最為講究，也最為嚴格。

首先，廳堂要彰顯主人的品位與修養，表現志向與追求。這就少不了牌匾對聯、文玩字畫。這些不僅是房間的裝飾，更是主人的內心寫照。不論是家國情懷，還是自我勉勵，都成為傳統價值觀的縮影。其次，為了烘托莊嚴大氣的氛圍，只有用料考究、工藝上乘的家具才能在廳堂出現，而且在佈局上必須一絲不苟。廳堂正中，最裏邊放置條案，然後是太師椅、八仙桌的主座，接着是兩側一字排開的次座。所有的家具都採用方方正正的陳列方式，講求中軸對稱、左右一致。這樣一來，家庭裏長幼有別、疏密有度的秩序感就油然而生，展現出一種傳統的禮儀觀念。幾千年間，中國家庭廳堂的樣貌始終這樣延續着，小到民宅客廳，大到皇宮朝堂，都擁有相同的形制，一以貫之。這種強調用形式表達文化內涵的設計理念，正是中華民族最為看重的。

儘管東西方不同的傳統塑造了各有所長的廳堂文化，但殊途同歸，它們所體現的，都是在設計中傳承的文明軌跡。

🐪 中國傳統廳堂

廳堂是指中國傳統建築中的樓堂廳閣，具有多種用途，除了會客之外，家庭祭祀以及喜慶活動多在廳堂舉行。傳統廳堂多採用對稱佈局，沿房間中軸線對稱陳設。廳堂正中一般設置屏風或懸掛書畫，前面設長案，案上陳設座屏、牌位、瓷器、石玩等，案前可以設八仙桌，兩邊有椅。廳堂中間兩側對稱放置椅子與茶几。廳堂兩邊放置較高的花几，用來擺放花瓶或花盆，以作裝飾。這種佈局嚴謹周正，氣氛莊重，符合傳統的審美觀。

CHANG'AN
MEETS
ROME

視覺藝術

于鍾華，浙江大學人文學院研究員，主
持陳振濂教授個人工作室，擔任多所大
學書法專業的專業教學。

講述人　于鍾華

31　尋找藝術的真相

曾幾何時，西方美術史上的那些世界名作讓我如癡如醉。那些作品，我在書本中、畫冊裏見過無數次，所以，我非常期待有一天能夠目睹它們的真容。來到羅馬，就像踏進了一座藝術殿堂，撲面而來的藝術氣息，每天都在衝擊着我的視覺神經。雕塑是解讀西方藝術的一把鑰匙，我的藝術探尋之旅，就從雕塑開始。

精準的人體結構，逼真的細節，是西方古典雕塑最大的特點。冰冷堅硬的大理石，好像被施了魔法，那些優美的雕像，不僅有了柔軟細膩的皮膚，還彷彿有了生命的溫度。古羅馬人這種再現真實的能力是從何而來的呢？

在博物館精美的雕塑中間，一段殘存的軀幹聳立在眾星捧月般的位置。乍一看，它很不起眼，但是，它就是我要尋找的答案，因為它是西方雕塑藝術的鼻祖。

那是古希臘藝術家阿波羅尼奧創作的大力神，誕生於兩千一百多年前，堪稱經典中的經典。歲月已經讓它變得殘缺不全，卻並不影響它的藝術價值。這件雕塑所展現的準確的人體結構和發達的肌肉質感，已經讓周邊的雕塑黯然失色。可以說，這件大力神雕塑是科學與藝術完美結合的典範。在人類藝術史上，對人體進行研究，並且以雕塑形式來展現的作品，這一

件是最具典範性的。千百年來，這尊健美的雕塑作品，一直是西方人體造型藝術的標本，很多藝術家都是通過臨摹它而走上人體雕塑之路的。文藝復興時期的藝術大師米開朗基羅，不僅多次臨摹這件雕塑，還以它為原型，創作出了巨幅天頂畫《創世紀》中的亞當。

當引領西方藝術的意大利人力求準確地模仿自然、描繪現實世界時，中國人卻走出了另一條完全不同的藝術之路。

西安碑林博物館收藏着很多中國雕塑的精品。自古以來，中國人從未放下手中的刻刀，所以，中國古代雕塑非常發達。這些雕塑作品中，凝結着中國人的精神，中國人的審美，還有中國人的文化。與西方雕塑相比，中國人並不強調真實，卻更注重精神的溝通。從很多中國古代雕塑作品上，我們看不到刻意模仿真實的細節、誇張的動作和繁複的雕飾，但它的莊嚴、靜謐，卻足以震撼人的心靈。

中國古代繪畫與雕塑有着相似的特點。唐代張萱繪製的《虢國夫人遊春圖》，描繪的是長安貴族踏春出遊的景象。作者僅僅用線條、筆墨，就把唐代婦女自信、榮耀的神韻，表現得淋漓盡致。這幅畫，完全沒有西方

繪畫中那種立體的光影效果，但在二維平面上，我們卻依然能夠感受到人物真實的存在。

科學和美學的結合是西方藝術的根本，意境和神韻的表達是中國藝術的靈魂。在人類文明史上，東西方藝術就像兩條河流，時而平行，時而交匯。面對同樣的現實世界，東西方藝術為何走上了兩條完全不同的道路？它們又是怎樣影響人類世界的呢？我將在探尋中解開謎團。

唐代張萱繪製的《虢國夫人遊春圖》

《大力神殘軀》

《大力神殘軀》是梵蒂岡博物館的鎮館藏品之一，大約創作於公元前1世紀。這座大理石雕像下部有古希臘雕塑家阿波羅尼奧的簽名，因此，它一直被認為是古希臘的雕塑原作。雖然作品只剩下斷臂殘軀，但並沒有影響整體的和諧。整座雕像比例勻稱，展現出獨特的英雄氣質，給人以特別的美感。根據上面雕刻的獅爪印痕，人們推測，這座雕像刻畫的應該是希臘神話中的大力神海格力斯的形象。

陵墓石刻

陵墓石刻包括隨葬俑和紀念性雕刻，是中國古代雕塑藝術的重要組成部分。古人相信靈魂不滅，厚葬風氣盛行，帝王貴族的陵墓中不僅有大量的殉葬品，陵墓周圍還會設置大型石刻。這些石刻主要盛行於漢代至唐代，西漢霍去病墓、南朝帝王陵墓以及唐代乾陵石刻，都是最具典型意義的作品。陵墓石刻以動物形象為主，用象徵手法表達特定主題，體現了特定歷史時代的審美理想與藝術水平。

32 水墨與油彩

很久以來，我一直在思考，同樣是繪畫，為甚麼中國人離不開水墨，而西方人卻選擇了油彩？兩種截然不同的材料背後，究竟有着怎樣不同的審美世界？帶着這個疑問，我在羅馬尋找答案。

在羅馬市中心，有一家顏料店，這間看起來並不起眼的小店，已經有兩百年的歷史，很多畫家都會到這裏來購買顏料。這些顏料裏面，肯定藏着油畫的奧祕。店主告訴我，我現在進入的，是色彩的宮殿，在這裏，所有的顏料應有盡有。店主給我介紹了一些錫管的顏料，品種非常豐富，色系與色系之間區分得非常細緻。在這裏，我們還可以看到歐洲古代繪畫大師，尤其是文藝復興時期的大師所使用的顏料，因為這些顏料是礦物質的，所以能夠保持千百年不變色。那些傳統的顏料粉在作畫的時候，需要使用調和油進行調和。正是因為有了各種各樣的顏料以及調和油，才使得西方的油畫色彩絢爛，富有光澤。用油和彩調和出的顏料，為甚麼會產生如此的魅力呢？為了揭開這個奧祕，我來到了羅馬美術學院院長的工作室。

表現真實，一直是西方古典油畫的傳統。院長安東諾‧德‧阿奇里告訴我，這種美學理念來自古希臘的亞里士多德，他認為藝術是對現實生活的模仿和再現，真實就是美。油畫最大的魅力就是它的真實感。畫家可以用色系豐富的油彩，自如地調和出各種微妙、細膩的顏色，逼真地刻畫出空間感和立體感。

院長介紹說，他正在創作的這幅畫，已經畫了好幾個月，還沒有完成。在我看來，畫油畫就像是在做加法。西方人之所以選用黏稠的油彩作畫，是因為油彩具有覆蓋力強的特性，可以一層一層地反覆疊加，不斷豐富畫面的色彩層次。院長告訴我，油畫的優點，就是可以隨時修改，幾年甚至很多年以後，還可以繼續完善。

如果說西方的油畫是為了表現客觀真實而做的加法，那麼中國畫做的就是減法。在世界畫壇中，中國繪畫一直保持着自己獨特的面貌。

在西安美術學院，學生們正在臨摹《簪花仕女圖》。國畫系教授葉華說，他一直認為這是最難臨摹的繪畫之一。古人線描的造型語言，感覺更像唐詩，高度概括，增一個字不行，少一個字也不行。儘管中國繪畫也使用不同的顏色，但中國畫的靈魂卻是水墨。也許有人會問，同樣面對五彩斑斕的世界，中國人為甚麼要做這樣的減法呢？

其實，內行人看畫，看的並不是顏色的多少，而是看筆墨。中國畫的奧祕，就隱藏在這些皴擦點染的筆墨之中。傳統中國畫的筆墨，不是對客觀世界簡單的描繪，而是用來創造一種氣氛，營造意境和格調。筆墨是畫家內心世界的表達。這種獨特的審美趣味來自書法。因為古代的畫家大多

唐代周昉繪製的《簪花仕女圖》（局部）

都是文人，筆墨紙硯不僅是他們書寫的工具，也被用來作畫，於是書法的筆法就成了繪畫中的筆墨。但是，筆墨就像京劇的唱腔一樣，並不是人人都能懂的。它就像是古代文人圈裏的暗語，既有運筆用墨的固定程式，也是文人自己世界觀、價值觀的印記。

中國畫以黑白為主色表現天地萬物。千百年來，中國人獨創的「墨分五色」，將水墨的特性發揮到了極致。以單純的色彩表達豐富的內涵，追求的就是超凡脫俗的境界和自然天成的神韻。而今天，傳統水墨與西方造型藝術的結合，更為古老的中國畫開拓了一片全新的天地。

🐫 油畫

油畫是西洋繪畫的主要畫種之一，以快乾性的植物油調和顏料，在畫布、紙板或木板上繪製而成。油畫的前身是 15 世紀前歐洲的蛋彩畫，後來，油畫逐漸成為西方主流的繪畫方式。油畫畫面附着的顏料有較強的硬度，乾燥後不會變色，而且能長久地保持光澤。油畫顏料覆蓋力強，繪畫時可以由深到淺逐層覆蓋，使繪畫色彩豐富，具有細膩逼真的立體感。

🐫 墨分五色

墨分五色是指中國傳統繪畫中的一種技法。中國傳統繪畫，主要是水墨畫，也就是由水和墨調配成不同深淺的墨色畫出的畫，也稱中國畫。中國畫大多選用線條和墨色來繪畫。對於中國畫來說，墨的濃淡變化就是色彩的層次變化，唐代以後，墨分五色主要是指以水調節墨色濃淡所達到的多層次效果，也就是焦、濃、重、淡、清，以墨色的深淺表現物象的色調。

33 視覺的魔術

可以說，繪畫是一個充滿魔幻色彩的世界。無論古今中外，繪畫都是二維平面的藝術，但是，無論哪一種繪畫，都通過光影、明暗、線條、筆觸，創造出了視覺上的立體空間。究竟是甚麼樣的神奇技藝，讓東西方繪畫創造出了完全不同的感官世界呢？

在羅馬，一位畫家為我演示了油畫的創作過程。在今天的意大利，繪製傳統寫實油畫的畫家越來越少，多數畫家都在從事當代藝術的創作。但是，在許多作品中，還是可以看到現代繪畫與傳統繪畫一脈相承的東西。有些作品雖然在表現內容上很現代，但繪畫的體積感，包括明暗的處理，都是從傳統寫實油畫發展而來的。

意大利的古典寫實油畫是非同凡響的。早在古羅馬時期，龐貝就出現了寫實的壁畫。到了文藝復興時期，意大利油畫的寫實能力已經達到了西方繪畫藝術的最高峰。那些油畫作品色彩豐富，具有立體的質感，在二維平面上創造出了逼真的三維空間，那麼，畫家們靠的究竟是怎樣的魔法呢？

第一種魔法是光影。意大利畫家特別擅長描繪微妙的光影，有了明暗關係，物體就會產生出凹凸起伏的立體感。但是，畫家筆下的光影，並不是自然光線的簡單複製，那種獨特而又迷人的美感，是經過藝術的提煉與加工的。

第二種魔法是透視。西方繪畫表現的是特定的時空，科學研究早就發現，同一空間中，事物的排列組合在視覺上是有透視規律的。於是，畫家們根據物體近大遠小、前實後虛的科學原理，用藝術的手段強化景深，從而使畫面產生了符合視覺真實的立體空間。

第三種魔法是解剖。學習人體解剖知識，掌握精準的人體造型結構，歷來是西方繪畫的基礎。意大利繪畫大師達·芬奇曾親手解剖研究過三十多具不同類型的屍體。正是由於精通解剖學知識，他才創作出了造型準確、形象逼真的曠世名作。

與西方繪畫的寫實相比，中國畫幾乎都是二維平面的。但奇妙的是，中國畫不強調光影透視，卻也能在二維平面上描繪出立體的空間，這究竟是怎麼做到的呢？

奧妙之一就是線條。中國畫幾乎就是線條的世界，古人將線條的特性發揮到了極致，創造出了各種皴法、描法，僅靠一支筆，就能生動地表現出不同物體的形狀和質感。而線條的疏密、濃淡，就構成了視覺上的立體空間。

西安美術學院美術博物館收藏的北宋宮廷畫家郭熙的《早春圖》，集中體現了中國固有的「散點透視法」的特點。這種透視法又被稱為「三遠透視法」。我們站在下面的視角向上來看，能夠看到最高的地方，這就是所謂的「高遠法」。畫面上還能看到，畫家在山前畫出了山後的景色，這就是「深遠法」，也就是縱深感。而在畫面深處，還可以看到遠處層層疊疊的群山，這是站在高處向遠處看，被稱為「平遠法」。這「三遠」組合在一起，就是三個視角所看到的物像集中在一個畫面上，稱之為「散點透視法」。它區別於西方的「定點透視法」。定點透視是站在一個角度去看，而散點透視是多角度的，也就是說，它營造出一種氛圍，讓人置身其間。

對於中國畫來說，「留白」也是表現空間的一種獨特的藝術語言。中國畫講究「計白當黑」，注意空白的經營，無論人物、山水還是花鳥，都不會畫滿，而是要在畫面上有意識地留出空白。中國畫之所以能夠產生耐人尋味的空間和深遠的意境，就是因為這種以無勝有的留白藝術，給觀者營造出了豐富的想像空間。

古往今來，同樣的客觀事物，在東西方藝術家的筆下，幻化出了兩個完全不同的奇妙世界。這種魔法的背後，體現的就是東西方藝術的智慧。

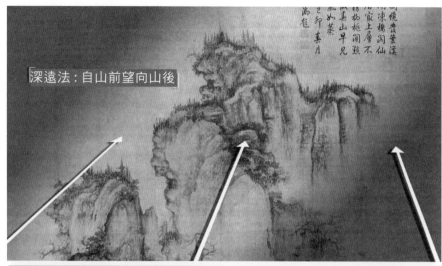

深遠法：自山前望向山後

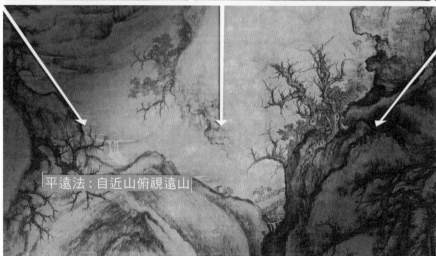

平遠法：自近山俯視遠山

龐貝壁畫

龐貝壁畫是古羅馬時期的壁畫,也是古羅馬繪畫藝術的縮影。龐貝從公元前 82 年起成為羅馬的領地,公元 79 年因維蘇威火山爆發而湮沒。18世紀以後,龐貝古城遺址被挖掘出來,大量壁畫也重見天日。這些壁畫題材廣泛,手法多樣,深受希臘風格影響。作為古典壁畫藝術的重要遺存,龐貝壁畫風格獨特,而且頗具裝飾意味,成為後人了解古羅馬社會、藝術、宗教、建築的百科全書。

《早春圖》

《早春圖》是北宋宮廷畫家郭熙的山水畫作品,創作於神宗熙寧五年(1072 年)。郭熙曾對繪畫空間的表現提出著名的「三遠」觀點:「自山下而仰山巔,謂之高遠;自山前而窺山後,謂之深遠;自近山而望遠山,謂之平遠。」《早春圖》的主要景物集中在中軸線上,以高遠、平遠、深遠相結合的全景式構圖,巧妙地展示了山巒挺拔、林木茂盛、溪流淙淙的景象,在水邊與山間活動的人們,更是為大自然增添了無限生機。

樹繞溪村晚
閑凍橋閣仙
店家上層不
藥物桃簡誌
紙妻山早兒
氣如蒸
己卯春月
尚題

34　風景畫與山水畫

　　大自然是東西方畫家都非常喜歡的創作題材，但是，為甚麼西方人把這類繪畫稱為風景畫，而中國人卻把它稱為山水畫呢？難道這僅僅是稱謂上的不同嗎？山水和風景究竟有着甚麼樣的區別呢？

　　兩百年前有一幅油畫，名字叫做《新羅馬的聖天使堡》，出自俄羅斯畫家西爾維斯特·謝德林之手，它所描繪的是羅馬著名的聖天使堡。兩百年過去了，我們站在聖天使堡附近，可以看到，畫中具體的景物和細節，在現實生活中依然可以一一對應，似乎一切都沒太大的變化，這正是風景畫的意義所在。

風景畫所表達的，是人們對大自然的熱愛。從古羅馬時代到文藝復興時期，意大利人一直熱衷於用自然風景壁畫來裝飾客廳的牆壁。在羅馬國家博物館，可以看到一些古老的壁畫殘片。雖然只是殘片，但是畫面當中可以看到樹木、藍天、白雲這樣的風景。這種裝飾壁畫，其實就是把自然界的景物搬到了自己的房間裏面，非常地寫實。它最大的特點，就是把大範圍的風景，通過透視的關係組合在一起，讓人們真實地體會到人在畫中遊的感覺。這類繪畫，後來逐漸發展成為油畫中的風景畫這一畫種。

意大利的風景油畫，歷來以細膩、唯美著稱，對西方美術的發展影響極大。意大利畫家追求看得見的美麗和眼睛的享受，他們通過寫生來捕捉大自然美妙的瞬間，用畫筆留住對美的眷戀。或許，近代照相機的發明，也與西方人對真實與美的極致追求有某種程度的關係呢。

對於中國人來說，山水畫的含義不僅僅是描摹真實的自然那麼簡單，它所表達的，其實是中國人的哲學觀，換句話說，就是中國人的內心世界。那麼，中國人為甚麼不去真實地描繪自然呢？在西安，我來到著名畫家萬鼎的工作室，試圖尋找答案。

萬鼎先生正在用潑彩的方法作畫。他告訴我，潑彩屬於自由的寫意。他特別喜歡潑彩，因為這種方式比較豪放，能把心裏的情緒充分表達出來。他正在創作的這幅畫，描繪的是陝西的秦嶺。畫面上出現的是畫家心中的秦嶺，每一個細節不一定能夠與真實的大山一一對應，但你能感覺到，它確實是那個秦嶺。正所謂「有此山川，也無此山川」，這種潑彩寫意的筆法，畫出的是秦嶺的味道。

　　寫意是中國山水畫的真諦。對於中國文化來說，山水只是畫家寄託精神與思想的符號，是抒發內心情感的載體。孔子曾說：仁者樂山，智者樂水。山水畫不是客觀世界的再現，而是畫家心中的丘壑。不過，中國的山水畫同樣講究寫生，畫家創作時也需要觀察大自然的真山真水。萬鼎先生告訴我，為了畫秦嶺，這麼多年來，他已經不知跑了多少次秦嶺，有時還要專門住在那裏。他說，看景是非常重要的。中國人繪畫寫生，不單單是對風景進行描畫記錄，更重要的是要觀察人與自然的關係。

　　中國古人所說的寫生與西方繪畫的寫生是兩個完全不同的概念，中國的寫生，寫的是生意、生機和生氣。寫生的過程中，畫家必須領悟到自然的氣息。千百年來，中國山水畫形成了一套獨特的程序。畫家常說：遠看看氣勢，近看看筆墨。筆墨構成了中國山水畫獨特的審美意趣。山水畫也是中國「天人合一」哲學思想的完美體現，表達的是中國人對理想田園生活的嚮往。如果說西方風景畫描繪的是畫家眼睛看到的世界，那麼中國的山水畫所展現的，則是畫家心靈的吟唱。

《新羅馬的聖天使堡》

《新羅馬的聖天使堡》是19世紀俄國風景畫家謝德林的作品。謝德林27歲赴意大利留學，39歲客死異鄉，在羅馬和那不勒斯度過了短暫的一生。《新羅馬的聖天使堡》描繪的是羅馬台伯河岸的景致，畫家曾從不同的角度繪製了近十幅同一題材的作品。作品體現了善於觀察城市日常生活的浪漫主義畫家的特點。出現在畫面中的景色，有聖天使堡的圓塔，有河對岸的貧民區，也有遠處的聖彼得大教堂和梵蒂岡宮。

🐫 山水畫

山水畫是以自然景觀為主要描寫對象的中國畫。山水畫形成於魏晉南北朝時期，但那時的山水，主要是人物畫的背景。隋唐時期，山水畫開始獨立，五代至北宋逐漸趨於成熟，並成為中國畫的重要畫科。在傳統上，按照畫法風格來分類，山水畫可分為水墨、青綠、金碧、沒骨、淺絳、淡彩等不同形式。中國山水畫有景有情，強調主客觀的和諧交融，體現了中國人獨特的審美意識。

35　畫家與文人

《雅典學院》是一幅舉世聞名的宏大作品。作品打破時空界限，把古希臘、古羅馬時期代表哲學、科學等領域的文化名人匯聚一堂，表達了對人類智慧導師的崇高敬意。這幅畫的作者，就是意大利文藝復興時期的繪畫大師拉斐爾。帶着對大師的崇敬之情，我來到羅馬，走進了博物館的拉斐爾畫室。

《雅典學院》應該說是人類藝術史上最經典的傑作之一。但是，人們或許並不知道，在這幅作品中，隱藏着一個關於畫家的祕密。在這幅畫作中，拉斐爾描繪了很多大師，其中很多大師的形象都是「借來」的，比如說，古希臘哲學家柏拉圖就借用了繪畫大師達·芬奇的形象，古希臘哲學家赫拉克利特，則被畫成了藝術大師米開朗基羅的樣子。而且，拉斐爾還把自己畫進了右下角的人群中。那麼，他為甚麼要這麼做呢？

其實，這一切都與當時畫家的地位有關。在文藝復興之前，繪畫只是一種職業，以繪畫為生的畫家，只是被當作匠人，即便有高超的

達·芬奇　　米開朗基羅　　拉斐爾

技藝，也只能按照僱主的要求作畫，藝術家的個性與藝術的表達往往不被尊重。隨着文藝復興時代的來臨，人文主義思潮激發了畫家自由創作的熱情。被稱為「文藝復興三傑」的達·芬奇、米開朗基羅和拉斐爾，憑藉天才的創造力，用精湛的作品征服了世人，使畫家擺脫了匠人的卑微地位，成為王室和貴族的座上賓。拉斐爾之所以將自己與兩位大師畫入作品，就是想用這種獨特的方式表明，藝術完全可以與哲學、科學並駕齊驅。

縱觀中國繪畫史，成就最高的卻並不是職業畫家的作品，而是文人畫。而說起文人畫，就不能不提到文人畫的鼻祖王維和他的《輞川別業圖》。

王維是唐代長安著名的文人，以山水田園詩畫見長，蘇東坡評價他的作品「詩中有畫，畫中有詩」。一千多年前，正是王維營造的詩情畫意，使得文人畫成為中國繪畫的主流。輞川是王維的別墅，是他隱居的地方。他將這裏營造成了富有詩情畫意的園林，然後把它畫了下來。

西安，深秋的曲江池風和日麗，據說，這個園林的設計者就是王維。文化學者王蒙告訴我，曲江池是王維創造的詩意景觀，千年之後的今天，我們依然能夠被它的詩情畫意所感染。這種美，和王維的詩與畫中出現那種畫面感是一樣的。王維並不是職業畫家，他是文人，也曾經做過官，他畫畫並不是為了謀生，而是為了安頓自己的靈魂。為甚麼不以繪畫為生的文人，卻能引領中國畫壇的潮流呢？

文人畫誕生之前的中國畫壇，幾乎是宮廷畫師的天下，工筆重彩是那個時代的主流。這種精工細緻、設色濃郁的表現方式，很少強調畫家個人的自由表達。唐代李昭道的《明皇幸蜀圖》、閻立本的《步輦圖》、孫位

唐代李昭道繪製的《明皇幸蜀圖》

唐代閻立本繪製的《步輦圖》

的《高逸圖》等，都屬於這類畫作。而文人畫家這一特殊群體的出現，徹底顛覆了傳統的美學觀念。

著名畫家崔振寬說，文人畫家都是業餘的，他在本質上是一種士。這些文人畫家或者研究學問，或者做官，只有在業餘時間才把畫畫當作一種消遣。正是這種看似閒情逸致的消遣，催生了獨特的表達方式，這就是隨心所欲地抒發內心世界。文人畫看似素雅清淡，意筆草草，但實際上，它完全掙脫了傳統技法的束縛，使繪畫成為寄託情感的精神載體。

中國文人畫在世界美術史上是一個特殊的存在。文人畫家大多具有高深的文化修養、悲天憫人的家國情懷、不同凡響的人生境遇以及超凡脫俗的人格追求。他們寄情山水，在畫作中表達了自己對於理想生活的嚮往。在我看來，文人畫真正的價值，就在於它深刻的文化內涵。可以說，山水畫用充滿詩情畫意的筆墨，構建了中國人的精神家園。

🐫 《雅典學院》

《雅典學院》是意大利畫家拉斐爾的壁畫作品，創作於 1510-1511 年，現收藏於梵蒂岡博物館。作品取材於古希臘哲學家柏拉圖舉辦雅典學院的逸事。畫家打破時空界限，把古希臘古羅馬和文藝復興時期意大利代表哲學、數學、音樂、天文等不同學科領域的文化名人會聚在一起，以回憶黃金時代的形式，表達對人類智慧的讚美。畫作場面宏大，具有雄渾的史詩氣勢，人物群像栩栩如生。

🐫 《輞川別業圖》

《輞川別業圖》是唐代詩人王維創作的壁畫。王維晚年隱居藍田輞川，購得初唐詩人宋之問的藍田別墅，在那裏與友人作畫吟詩，這就是著名的「輞川別業」。《輞川別業圖》是王維在清源寺牆壁上畫的單幅壁畫，後來清源寺坍塌，壁畫原作早已不復存在，如今只有歷代摹本存世。在《輞川別業圖》中，亭台樓榭掩映於群山綠水之中，安靜祥和。別墅外，有小河，有船夫，畫面古樸端莊，自然閒適，悠然超凡，表現出王維山居生活的理想。

36 裝裱的藝術

　　在藝術之都羅馬，逛畫廊是一件很愜意的事情。街頭那些精緻的小畫廊裏，總能讓人遇到一些意外的驚喜。我走進一間小畫廊，沒想到，這裏的油畫居然是真正的古董，而且是大家的真跡。畫廊經理托馬索·梅格納告訴我，牆上掛着的那幅畫是 17 世紀的作品，畫家是米開朗基羅學派的代表，這幅畫在羅馬很有地位，而且，它的畫框也非常精美。我注意到，這裏的古畫，畫框都特別講究。經理告訴我，名貴的古畫一定要搭配合適的畫框，這樣才能符合作品的時代特點，凸顯審美價值。

　　在意大利，製作畫框是一門獨特的技藝，講求精工細作，名貴的畫框幾乎都要貼金。我來到一家製作畫框的門店。畫框製作師布魯諾·穆拉托里給我演示了畫框的製作過程，他告訴我，他正在做的這道工序，就是要把貼上去的金箔完全壓實。意大利人在畫框的製作上如此不惜工本，可以說，與油畫的展陳方式有很大的關係。在西方，油畫歷來被陳列在客廳、會議廳、宮殿等固定的公共空間，是室內藝術裝飾的重要組成部分。精美的畫框能夠將油畫作品襯托得高貴典雅，使環境熠熠生輝。同時，畫框如同一扇扇窗戶，可以起到聚攏觀者視線、強化作品效果的特殊作用。

　　其實，中國人對繪畫的裝裱也十分講究。中國畫的材料主要是宣紙或絹，繪畫只有經過裝裱之後，豐富的墨色才能被襯托出來。俗話說：

「三分畫，七分裱。」高明的裱畫師往往能夠通過裝裱，為作品增色，提升藝術效果。在西安，在裱畫師郝福琴的工作室，我了解了裱畫的主要特點，還參與了一件作品的裝裱過程。

中國畫的裝裱非常複雜，有一套完整的工藝流程，它最主要的形式就是卷軸。中國畫的裝裱不僅僅是為了掛起來陳列，之所以採用卷軸的形式，是因為它有一個重要的功能，就是便於攜帶。這又是甚麼原因呢？

中國畫的裝裱方式和古代文人的生活方式有很大的關係。在西安大明宮遺址，我們可以看到一組雕塑，呈現的就是古代文人的一種雅集。這種雅集，有些類似我們今天所說的朋友圈。古代文人通過這種方式，不僅可以陶冶情操，還可以增進彼此之間的友誼。在古代文人的雅集上，賞玩書畫是必不可少的內容，便於攜帶的卷軸畫，就為文人雅士之間的走動交流提供了便利。志趣相投的文人們，總是攜帶着自己的得意之作，以文會友，甚至還會趁着雅興，共同創作。

這種文人雅集，今天依然活躍在中國的書畫界。著名畫家趙振川告訴我，和友人一起畫畫，有時就是一種玩的感覺。三五好友，一起品評紙墨畫法，是非常愜意的。對於文人們來說，參與雅集，大家舞弄丹青，各顯身手，是一種高雅的享受。正是文人的這種觀賞方式，催生了中國畫中獨有的裝裱形式，這就是長卷。

長卷也叫手卷，一般供文人在案頭賞玩。觀賞長卷就如同看電影，隨着卷軸徐徐打開，畫中的故事就會一幕一幕地呈現出來。中國繪畫手卷的裝裱方式，其實也決定了觀看的方式。它是讓人近距離看的，可以放在手上慢慢把玩，符合觀看的原理，非常人性化。畫卷打開之後，正好與肩同寬，觀看的視線落在畫面的中心，隨着畫面的逐漸展現，觀賞者可以逐個場景地把畫面看完。

真正的中國卷軸畫，是打開其中的任何一段，都獨立成畫的，這也是中國山水畫的一大特點。比如說北宋畫家王希孟的《千里江山圖》，就是攏千里之面於尺寸之間。咫尺千里，這就是中國長卷的魅力。於精緻中見悠遠連綿，意境廣闊，變化萬千。它不僅是中國人獨特的創造，也是世界美術史上的一大奇觀。

《千里江山圖》

《千里江山圖》是北宋畫家王希孟的名作,被稱為「中國十大傳世名畫」之一,現收藏於北京故宮博物院。作品以長卷形式描繪山水風光,畫面細緻入微。畫面中煙波浩渺的江河,層巒起伏的群山,構成了一幅美妙的江南山水圖,漁村野市、水榭亭台、茅庵草舍等靜景穿插人物捕魚、遊玩、趕集等動景,意態生動。《千里江山圖》色彩富麗燦爛,是宋代青綠山水畫的代表作之一。

37 重見天日

在羅馬，隨處可以看到古代遺跡。一片片古跡之中，隱藏着許許多多鮮為人知的祕密。我要在一座古老的教堂裏，開啟一場非同尋常的發現之旅。我非常激動，因為我們即將見證一個祕密，這個祕密，據說連羅馬人都不知道。

這個祕密，就是一幅壁畫，它藏在教堂外牆的夾層裏。不久前，一次偶然的機會，考古學家克勞迪婭·維吉亞尼女士在無意中發現了這個祕密。她告訴我，到目前為止，這幅壁畫還沒有幾個人見過，這是它第一次被攝像機拍攝。壁畫非常漂亮，畫風屬於古羅馬風格，畫中的紅色非常迷人。這幅壁畫創作於 12 世紀，距今差不多有一千年了。將近一千年過去，壁畫的色彩基本上沒有甚麼變化，依然很鮮豔，很絢爛，這的確令人吃驚。保存如此完好的壁畫，在羅馬寥寥無幾。在這座教堂的地下室，其實還有很多千年前的壁畫，但那些壁畫早已面目全非。

文物修復專家蘇珊娜在這裏已經工作了很多年。作為國際知名的專家，蘇珊娜曾經受邀參與過西安兵馬俑的修復工作。

對於她的工作，我十分好奇，於是，我來到了她工作的地方。蘇珊娜的工作看起來繁瑣而又複雜。她就像一個外科醫生，在為千年前的壁畫做手術，不僅要對破損的畫面進行細緻的清理，去除表面的污跡和灰塵，還要用特殊的材料，對畫面上的裂痕一點一點地進行修補與加固。嚴格說來，她所做的這些，不應該叫修復，而應該叫復原，也就是儘可能地少介入，不會再把人為的東西添加上去，復原到甚麼程度，就是甚麼樣子。這是意大利文物修復的一大特點。

這項工作非常考驗一個人的毅力，因為工作的進度都是以厘米來計算的。有時候，一件壁畫修復下來，可能需要十年，甚至二十年的時間。這是一件非常偉大的工作，需要耐心細緻，更需要愛心。只有親身體驗，才能了解這份工作的艱辛。這也讓我對意大利人修復歷史的獨特方式產生了由衷的敬意，對這些壁畫重新面世充滿了期待。

在西安美術學院博物館裏，陳列着許多稀世名作，但你可能完全想像不到這些古畫之前的樣貌。它們之所以看起來如此完好，是因為背後有一群默默奉獻的人。在西安美術學院，有一個修復中心，博物館裏那些珍貴的古畫，都是在這裏獲得新生的。

尚小臨是西安著名的古畫修復師，他告訴我，他做文物修復已經有 40 年了。如今，這門古老的技藝已經代代相傳。古畫修復的專業性極強，它不僅要求精湛的技術和豐富的經

驗，還要熟悉傳統的書畫材料。修復中心就像一個古籍診所，一幅破損的古畫從「確診」到「治癒」，往往需要數十道工序。這裏修復的古畫基本上都屬於「疑難雜症」，不僅破損嚴重，而且殘缺不全。為了能夠「對症下藥」，他們首先要借助科學的手段，精準檢測，然後再用傳統技藝從局部開始進行修補。這項工作需要細緻入微，稍有不慎，就會傷及文物。

在對古畫進行修復的時候，首先要去除污漬，然後要對殘缺的地方一點一點地進行拼接，達到嚴絲合縫。無論是揭裱，還是托補，每一道工序都必須盡善盡美。文物修復工作單調而枯燥，但是，我在這裏卻看到了每一個人對待歷史的那份專注和虔誠。這種文物修復，讓人感覺很震撼。有些書畫作品已經破碎不堪，但是，那些零散又細小的碎片，竟然能被拼接起來，修復成一件完整的作品，確實讓人大開眼界。讓文物重生，是對傳統文化最好的保護，也是功德無量的事情。

古畫修復

對於古畫的修復，在藝術領域中是不可或缺的部分。從古代流傳到今天的很多古畫，由於年代久遠，常常會出現破損、開裂、霉變等問題，有些古畫甚至在出土時就已經破損不堪。要讓這些畫作重見天日，就必須對它們進行修復。中外繪畫所使用的材料有很大區別，古畫修復的方式也有很大不同，但大體上都有去污、粘貼、補色等工序。總體來說，古畫修復遵循的原則是修舊如舊，儘量還原真實的效果。

38 石頭與泥土

想了解西方的雕塑藝術，就一定要來意大利。在這個盛產大理石的國度裏，隨處都可以看到精品佳作，一定會讓你大飽眼福。

聖天使橋是羅馬的標誌性景觀，橋上林立的雕像會讓你不得不讚歎意大利人精湛的技藝和高超的藝術表現力。橋上這些誕生於 17 世紀的天使雕像，是意大利雕塑家貝爾尼尼的作品。每一個天使的姿態都非常優美，顧盼如生。幾百年來，這些雕像生動的表情，一直感染着來到這裏的每一個人。儘管這些雕像是用堅硬的大理石雕鑿而成的，但是，你似乎能夠感受到它們的呼吸，感覺到它們的軀體所具有的鮮活的生命力。人們不禁要感歎，在意大利雕塑家的手中，冰冷的大理石已經被賦予了藝術的生命。

吉塞佩・杜克羅特先生是意大利著名的雕塑家。在他的工作室，我看到了雕塑的奧祕。雕塑家告訴我，從傳統的技藝來說，古希臘和古羅馬，還有當今的大理石雕塑，實際上都是一脈相承的。也許很多人並不知道，那些巨大的石雕，都是從製作泥巴的小樣開始的。不過，小樣只是藝術家的靈感乍現，真正能夠承載作品藝術生命的，還是大理石。

西方的雕塑藝術源於古希臘，石雕體現了希臘人對於永恆的追求。意大利人繼承了大理石上的文明。冰冷堅硬的大理石，在巧奪天工的雕塑家手上，被雕鑿成一個個生動的藝術形象，更重要的是，雕塑家用心血賦予了這些石塊生命的溫度。從古羅馬到文藝復興，意大利的雕塑大師們用非凡的創造力，不斷地開啟了人類雕塑藝術史上的一個又一個黃金時代。

地球的另一端，同樣存在着一個雕塑世界。從秦始皇陵兵馬俑，到漢代的帝王陵，得益於農耕文明的獨特創造，中國人用泥巴塑造出了黃土地上的傳奇。在西安藍田的水陸庵，一座千年古剎給了我意外的驚喜。這裏的彩塑層層疊疊，我平生第一次在一個地方見到數量這麼多的塑像，真是歎為觀止。西安美術學院雕塑系主任陳曉春告訴我，這裏被稱為「第二敦煌」，從這些精美的彩塑中，可以看到唐代的遺風。

中國泥塑藝術歷史悠久，在唐代達到頂峰。作為中國泥塑的發祥地，長安彩塑以濃郁的鄉土氣息以及生動傳神的造型著稱於世。眼前的幾千尊塑像，令我震驚不已。這些塑像精緻細膩，神態各異，形象生動。很多武士塑像都是五短身材，顯示出一種力量。這些彩塑的塑造難度極大，對雕塑手法的要求非常高，確實非常了不起。更讓我吃驚的是，這些塑像與亭台樓閣，居然高懸於牆壁之上，構成了一個宏大的立體空間。陳

先生告訴我，這是中國彩塑中的一個典範，叫懸塑。懸塑需要掌握極高的技藝和力學承重技巧。幾千尊塑像和精巧的建築巧妙穿插，層層疊疊，體現了中國古代工匠驚人的智慧。如此輝煌的場景，營造出強大的氣場，震撼人心。這些泥土塑造的精靈，和西方的大理石雕塑一樣，都是人類永恆的精神記憶。

貝爾尼尼

喬凡尼·貝爾尼尼（1598-1680年）是17世紀意大利的巴洛克藝術大師，在雕塑與建築設計方面取得了非凡成就。他的人物雕塑善於表現戲劇性情節，活潑生動，《阿波羅和達芙妮》《聖特蕾莎祭壇》就是他的著名作品。在城市設計方面，貝爾尼尼做出了許多開拓性的貢獻。他設計的聖彼得大教堂廣場柱廊和遍佈羅馬的噴泉，都把雕刻與建築融合在一起，成為羅馬重要的城市景觀。

水陸庵彩塑

水陸庵位於陝西藍田，始建於隋文帝開皇初年（581年），在唐代成為佛教寺院。水陸庵以彩塑聞名，保存着目前國內最大的壁塑群。這些彩塑主要創作於明清時期，建於建築的牆壁及樑柱上，共有三千七百多尊。塑像綜合了繪畫、圓雕、浮雕、鏤刻等藝術手段，採用連環畫的形式，演繹了佛祖釋迦牟尼的一生。彩塑中，有山水、橋樑、瀑布、樓閣和寶塔，也有佛、菩薩、羅漢等，佈局嚴整，惟妙惟肖，具有極高的藝術與歷史價值。

39　形似與神似

　　羅馬著名的馬西莫博物館，珍藏着一件人類雕塑史上罕見的傑作，我來到這裏，就是為了一睹它的尊容。這件雕塑就是博物館的鎮館之寶《休息的拳擊手》。博物館館長米拉‧塞洛倫齊告訴我，這件雕塑是古希臘的原作，非常珍貴。它用青銅鑄造，結合鑲嵌手法，是工藝與藝術的完美結合。

　　這是我第一次看到這尊雕塑。看見它的第一眼，我就被它攝人心魄的形象深深地震撼了。我沒有想到，兩千多年前的青銅雕塑居然可以做得如此惟妙惟肖，細節刻畫的逼真程度，更是讓人感到不可思議。

這尊雕塑表現的是一位拳擊手的形象。這位拳擊手剛剛結束了一場激烈的比賽，正坐在石頭上休息。傷痕纍纍的身體，能夠讓人感受到他究竟經歷了一場怎樣的生死搏鬥。在這場比賽中，他似乎是勝利者，剛剛從戰場上走下來，渾身冒着熱氣，而且渾身鮮血淋漓。在雕像上，我們可以看到一些細節刻畫。拳擊手眼睛這個地方被打得烏青，已經腫了起來，上面還能看到一道裂口，鮮血淋漓。他的鼻子已經被打歪了，中間也有傷，還有血流下來。再往下看，他的嘴脣也被打破，耳朵這裏好像是剛剛被打過一拳，血還在不斷地流下來。眉毛眉骨這一片也受了傷，被打得血肉模糊。雕塑家通過一件銅雕，把拳擊手的傷痕淋漓盡致地表現出來，細節非常逼真，而且極其生動。

這尊雕塑讓我看到了一個悲劇式的古希臘英雄，如此高超的製作工藝和精緻入微的細節，充分顯示出西方雕塑對於真實的極致追求。它說明雕塑家已經掌握了高度的寫實技巧和精準的人體解剖學知識。這件科學與藝術完美結合的作品，以逼真生動的造型名垂青史。在東方的中國，也有一件偉大的作品與它齊名，但表現方法卻截然不同。

在陝西咸陽的茂陵博物館，漢代大將軍霍去病的墓旁，矗立着一尊舉世聞名的石雕傑作，這就是《馬踏匈奴》。每次見到它，我都不由得肅然起敬。這匹腳踏匈奴、傲然屹立的戰馬，可以說是民族英雄的象徵。

這尊石像，是漢武大帝為表彰愛將的赫赫戰功，集天下能工巧匠雕刻而成的。或許有人會問，這尊規格很高的石像，為甚麼看起來如此簡樸呢？每次看到這尊塑像，我都會有一種新的感受。十幾年前看到這個雕像的時候，只是覺得它好，現在看起來，卻會感覺它震撼人心。

這尊雕像是渾然天成的，沒有明顯的雕琢痕跡，線條刻畫得很簡練，舉重若輕，只用寥寥幾筆，就已經展現出這匹戰馬馳騁千里、勝利歸來的英姿。這尊石像之所以被公認為中國雕塑史上的經典，就是因為它拙樸雄厚的造型和高度的藝術概括。與西方雕塑不同的是，它追求的不是形似，而是摒棄了繁瑣的細節刻畫，用極簡的手段追求寫意傳神。

　　這尊石像，用最簡單的線條，傳神地刻畫出了馬的五官結構。那些線條似乎只是順手一來，好像大自然的石頭天生就是這個樣子，不需要再去一刀一刀地把它修飾出來。匈奴的頭在馬身下面，可以看到被踩踏的匈奴齜牙咧嘴的痛苦的樣子，只用寥寥幾筆，完整的人頭及結構已經做到位了。渾然自天成，天然去雕飾，是中國雕塑藝術追求的最高境界。而這尊穿越千古的名作，就是對東方美學精神最生動的詮釋。

《休息的拳擊手》

《休息的拳擊手》是古希臘的銅雕精品，1885 年出土於羅馬奎里納爾宮附近。銅像表現了一個剛剛經歷過一場激烈的拳擊比賽後坐下來休息的拳擊手的形象。這尊雕像大約創作於公元前 4 世紀晚期至公元前 2 世紀之間。雕像的製作充分利用鑲嵌技法，將不同的金屬合金鑲嵌不同部位，用來表現傷口與血跡，效果非常逼真。作者細緻入微地刻畫了拳擊手的形象，顯示了高超的寫實技巧，具有很高的藝術價值。

《馬踏匈奴》

《馬踏匈奴》是西漢時期霍去病墓石雕群的主題雕塑。霍去病是漢武帝時期名將，曾六次出擊匈奴，均全勝而歸。這位年輕的將軍在 24 歲病逝後，漢武帝在茂陵為他修建陵墓，並令工匠雕刻石人石獸，以表彰他的功勳。霍去病墓石雕共有 14 件，《馬踏匈奴》是其中最著名的一件。雕像中的石馬剽悍雄壯，形態軒昂，馬的前蹄把手執弓箭的匈奴士兵踏倒在地。這件雕像以戰馬象徵霍去病的戰功，是中國古代陵墓雕刻的典範之作。

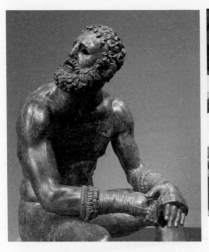 

40　完美與莊嚴

　　徜徉在羅馬街頭，隨處可以看到精美絕倫的雕塑。這些雕塑的主角，大多是裸體的。我發現，從古羅馬時代到文藝復興時期，對於人體的表現，一直是意大利雕塑的重要主題。

　　羅馬的卡比托利歐博物館，是世界上最早的公共博物館之一，這裏珍藏了很多古羅馬時代的雕塑精品。這些雕塑有一個共同特點，無論是凡間的英雄，還是神話傳說中的神靈，幾乎都是赤身裸體的。古羅馬人似乎把所有的藝術才能都用在了對於人體的表現上，在他們看來，人體彷彿是美的代名詞。那麼，古羅馬人為甚麼會有這樣的美學觀念呢？要探討這個問題，不能不提到古希臘。

　　羅馬國家博物館陳列着一尊古希臘時代的著名雕塑，這就是《自殺的高盧人》。博物館館長丹妮拉·波羅告訴我，這是羅馬國家博物館的重要藏品。這件作品表現的是一位高盧英雄和他的妻子的形象。在戰爭當中，為了不被敵人俘虜，這個高盧英雄先是殺死了自己的妻子，然後用劍刺向

了自己的胸膛。這尊震撼人心的雕像，無聲地訴說着發生在兩千多年前的悲壯故事。同時，它也讓我看到了古希臘人是如何用優美的人體來表現英雄的。

在古希臘人看來，人是自然萬物中最完美的精靈，因此，他們把人間最美好的形象賦予了英雄和神靈，並且給了他們強壯的身軀和發達的肌肉，讓他們成為力量的象徵。古羅馬人繼承了古希臘的美學傳統，這種繼承尤其體現在他們對女性形象的塑造上。優美的曲線，婀娜的體態，表達出他們對人體美的極致追求。儘管那些歷經千年的雕像大多已經殘缺，但依然散發着不可抗拒的魅力。兩千多年來，優美的人體雕塑一直是意大利公共建築和景觀中不可或缺的主角。它們是意大利人奔放性格的體現，更是一種崇高的生命禮贊。

如今，人體藝術已經成為中國現代美術教育的必修課。在現代的藝術課堂中，西方美學觀念與中國傳統藝術早已交織在一起。然而，中國古代雕塑的功能卻與西方完全不同，它所表達的，不僅是藝術理想，更是中國人的文化觀念。

在西安碑林博物館，我們可以看到很多佛像。佛教造像是中國古代雕塑的典範，它慈祥靜謐的造型，正是為了傳達一種精神內涵。中國雕塑不是為雕塑而雕塑的，而是為了使人得到提升和感染。佛像的特點是以靜制動，祥和平靜，通過這種手法營造一種氛圍，引領人們進行更深層次的對話，讓人們在這種氛圍中進入一種新的境界。

如果說佛教造像是精神寄託，那麼中國傳統雕塑就是民族文化符號的載體。石獅子是中國人最熟悉的形象。用來鎮宅的獅子，不再是兇猛的野獸，而是以威嚴的王者風範成為祥瑞的象徵，寓意吉祥與平安。在中國，龍象徵着尊貴和榮耀，而龜則象徵着長壽和毅力。這些動物的形象，都被中國人賦予了獨特的精神內涵。

陝西咸陽的乾陵皇家陵墓雕塑，充分體現了中國古代的美學觀。神道兩旁肅立的石像，造型洗練，質樸自然。端莊的儀態，肅穆的神情，烘托出了神聖與莊嚴。傲然矗立的無字碑，更是氣勢非凡。對我來說，它不僅是帝王昭示後人的紀念碑，更是一尊象徵永恆的雕塑傑作。它散發出的深沉雄大、靜謐莊嚴的東方之美，時隔千年，依然震撼着人們的心靈。在我看來，中國雕塑質樸內斂的形象，其實就是民族性格的完美體現。

🐫 《自殺的高盧人》

《自殺的高盧人》是創作於公元前 2
世紀的青銅雕塑，作者不詳，現存的
是大理石摹製品。位於小亞細亞的柏
加馬王國曾擊退高盧人的進攻，為此，
他們在衛城廣場上修建了紀念勝利的

雕塑群像，《自殺的高盧人》就是其中之一。作品表現戰敗的高盧人
首領為了不做階下囚而殺死愛妻然後自刎的情景，充滿強烈的戲劇性
與悲劇性。雕塑原本是想表彰勝利者的戰功，卻充分展現出高盧人不
屈的精神，產生了與創作意圖相反的藝術效果。

🐫 乾陵石刻

乾陵是唐高宗與皇后武則天的合葬墓，位於陝西咸陽乾縣附近，建成
於唐光宅元年（684 年），規模宏大。陵園內城朱雀門外司馬道兩側，
沿主軸線列置一組大型石刻，有石獅、石馬、鴕鳥、石人等，總計
一百多件，是現存唐代陵墓中規模最大的石刻群。這些精美的石刻運
用圓雕、浮雕及線雕的綜合技法製作，以突出其紀念意義。乾陵石刻
氣勢雄渾，是大唐盛世社會風貌的實物佐證。

CHANG'AN
MEETS
ROME

治國之道

蒙曼，現任全國婦聯副主席（兼）、中央民族大學歷史文化學院教授，碩士生導師，中國古代史碩導組長。主要研究領域為隋唐五代史及中國古代女性史。自 2007 年以來，5 次登上央視《百家講壇》，主講《武則天》《太平公主》《長恨歌》等。

講述人　蒙曼

41 崛起之道

在西安城北郊，有一片荒地，兩千多年前，這裏曾經上演了中國歷史上最為波瀾壯闊的一幕大戲。

在漢代長安城遺址，我開始思考一個問題。長安，顧名思義，就是長治久安。如此宏偉的都城，如此廣袤的領土，怎樣治理才能真正做到長治久安呢？我的問題，同樣是兩千多年前漢代開國皇帝劉邦思考的問題。

公元前 202 年，劉邦正式登基。可是，朝堂之上，那些曾經追隨他打天下的戰友們，卻當廷爭功，亂作一團。憤怒的劉邦不禁感歎：打江山容易，守江山難！這時候，儒生叔孫通主動獻策。他根據傳統的禮樂制度，制訂了一套朝堂禮儀，以此整頓朝綱。這套制度啟用後，整個朝堂秩序井然，威儀莊嚴，這時，劉邦才意識到制度對於安邦定國的重要性。

今天西安的漢城湖，就是當年漢代的護城河。泛舟其上，我不禁想起了漢高祖劉邦的《大風歌》。「大風起兮雲飛揚。威加海內兮歸故鄉。安得猛士兮守四方。」朝堂上的鬧劇，讓劉邦真正理解了「守四方」的難處。

一個國家真的想長治久安，就必須建立全面而完善的法度和秩序。在劉邦的親自主持下，漢代的各項制度開始建立健全，從此，長安真正走上了長治久安之路。而在同一時期，西方的古羅馬也在經歷一場變革。

我來到意大利的古羅馬廣場。當年的羅馬人就是以這裏為中心，建立了一個強盛的羅馬帝國。然而，帝國的建立，是付出了血的代價的。公元前44年，羅馬發生了一件駭人聽聞的大案，終身獨裁官凱撒被元老院成員集體謀殺。在雕塑林立的羅馬城，我找到了一尊凱撒的雕像。面對這座雕像，我也產生了疑問：那些元老們究竟為甚麼要殺死凱撒呢？

當時的羅馬共和國，政權被元老院的貴族把持，他們各自為政，整個國家內戰四起，一片混亂。執政官凱撒決定扭轉這種局面。他施行改革，統一政令，提高平民地位，分化貴族集團。但是，這場改革卻觸犯了貴族利益，同時，也為他自己招來了殺身之禍。公元前44年，在元老院的會場，凱撒被元老院成員合夥刺殺。雖然凱撒被刺，但他推行的一系列制度卻早已深入民心。最終，凱撒的養子屋大維繼承了他的遺願，徹底打破舊制，推行新政，強盛的古羅馬帝國就此誕生。

劉邦與凱撒，這兩位處於同一歷史時期的君王，讓我們看到了東西方兩大文明在建立健全國家制度上所做出的努力和犧牲。東西方的這兩大帝國，也正是在完善各項國家制度的過程中逐步崛起的。從長安到羅馬，我將穿越東西之間，探尋大國崛起之道。

🐪 凱撒

蓋烏斯·儒略·凱撒（公元前 100 年 - 公元前 44 年），史稱凱撒大帝，
羅馬共和國末期政治家、軍事家，羅馬帝國的奠基者。凱撒為貴族
出身，公元前 49 年率軍佔領羅馬，以共和制之名行君主制之實，執
政期間曾進行一系列改革。公元前 44 年，凱撒被元老院成員暗殺。

凱撒死後，他的外甥兼義子
屋大維結束了羅馬的共和體
制，開啟了君主帝制之路。
儘管凱撒從未正式稱王，但
在西方，他的名字一直是帝
王的代名詞。

🐫 未央宮

未央宮是西漢的大朝正宮，位於漢代長安城西南，建於漢高祖七年（公元前 200 年），是漢王朝的政治中心和國家象徵，西漢之後仍是多個朝代的理政之地，存世 1041 年，是中國歷史上存在時間最長的皇宮，唐代末年毀於戰亂。未央宮的總面積約 5 平方公里，是中國古代規模最大的宮殿建築群之一，其建築形制深刻影響了後世宮城建築，奠定了之後兩千餘年中國宮城建築的基本格局。

42　我不是獨角獸

　　位於西安的陝西歷史博物館裏，有一件獨特的文物。它是陶土燒製而成的，看起來像是某種動物，身上有翅膀，耳朵特別大，而它最突出的特徵，就是頭上長了一隻角。正是因為這隻角，它被很多人誤認為西方的獨角獸。事實上，在中國的文化系統裏，它的名字是獬豸，是司法的象徵。

　　獬豸和龍一樣，是中國人想像出來的神獸。那麼，獬豸為甚麼會成為中國法律的象徵呢？傳說獬豸有一種超能力，只要見到作奸犯科的人，就會一角將其頂倒，並把他吃進肚子裏。所以，古代中國執法官員的官服上都有獬豸的形象，故宮房簷上趴着的第九隻小怪獸也是它。

　　在羅馬，意大利最高法院坐落於台伯河邊，威嚴的建築上方，矗立着一座雕像，這是羅馬法的象徵——正義女神。

　　羅馬法在歷史上的地位非同一般，所有大陸法系都是以它為鼻祖的。其實，英美法系與它的淵源也特別深，中國現在使用的民法，在很大程度上也來自於羅馬法。來到羅馬，我想探究一個問題：在一千多年前的絲綢之路上，長安與羅馬這兩座國際化大都市，是用怎樣的司法體系來保障自由和開放的呢？像我這樣的外國人，如果在古羅馬碰到法律糾紛，又該怎麼辦呢？

在羅馬街頭，我看到了古羅馬法學家蓋尤斯的雕像。蓋尤斯被稱為羅馬法的締造者，他能給我答案嗎？意大利法學專家阿戈斯蒂諾·卡里諾告訴我，蓋尤斯因為非常特殊的原因而舉足輕重，他是唯一保存了完整著作的古羅馬法學家。

我來到羅馬的安吉利卡圖書館。這裏收藏的蓋尤斯的著作，將我們帶到了兩千多年前的古羅馬。當時，帝國正在迅速擴張，商貿往來頻繁，外國人在羅馬城內觸犯法律的事情越來越常見。為此，古羅馬專門設立了一個外事大法官的職位，負責解決涉及外國人的法律糾紛。當時在涉外法律方面還沒有成文法，遇到糾紛的時候，外事大法官會參照羅馬法，再綜合其他國家的法律，平衡做出裁決。此後，這些辦案經驗經過法學家的整理，形成了《萬民法》，這就是今天《國際法》的雛形。

在東方，大唐帝國也是萬邦來朝。那麼，大唐是如何處理涉外法律糾紛的呢？在位於西安的西北政法大學，我看到了一本珍貴的古籍。長孫無忌編纂的《唐律疏議》，是中國現存最早、最完整的法典，已經有一千四百多年的歷史。我小心翼翼地翻找着，想在這裏找到驚喜。西北政法大學副教授張宏

斌告訴我，唐律當中，對於與外國人有關的糾紛，要區分化內人和化外人的問題。

在大唐，化外人指的就是外國人。法律上規定得很清楚，外國人犯罪，如果是來自同一國家的人，會交由他們的番使館，按照當事人國家的法律來處理。如果是兩個不同國家的人犯罪，就要按照大唐的法律來處理。比如說，兩個波斯人打架，會按照波斯法律來處理。而如果是波斯人在大唐打了羅馬人，那麼，就會以大唐法律來論斷。《唐律疏議》讓我們看到了古人處理涉外案件的智慧。它讓人們懂得，不僅要敬畏自己國家的法律，還要尊重其他國家的法律。這種約束，對維護國際秩序至關重要。

開放依靠秩序，自由來自約束。有人說，古羅馬對人類最大的貢獻，就是它創造了羅馬法，直到今天，這個法律體系還在影響着世界秩序。同樣，當時的大唐律也跨越了國界，展現出中國「以德服人」的胸懷。在我看來，這兩種法律的背後，體現的是同一種文化精神，那就是開放的心態和包容的胸襟。

獬豸

獬豸是中國古代傳說中的異獸。外形類似麒麟，雙目明亮有神，額上有獨角。據說獬豸擁有很高的智慧，能夠分辨是非曲直，也能識別善惡忠奸，發現奸邪之人，就會用角將其頂倒，然後吃掉。因此在古代，獬豸成為公正的化身，人們常用獬豸的形象代表中國傳統司法體系的「正大光明」「清平公正」。從春秋戰國時期開始，獬豸的形象就出現在了古代法官的服飾上。近代之後，人們仍將其視為法律與公正的象徵。

《萬民法》

萬民法是古羅馬司法體系中的一個重要組成部分，指各民族共有的法律。萬民法是市民法的對稱，主要用來調整羅馬公民與異邦人之間、異邦人與異邦人之間的民事法律關係。在法的淵源上，主要採取裁判官告示或司法文件、法學家解答、皇帝敕令等形式。內容上更多涉及財產關係和商業關係，體系較市民法更加完備，程式較為簡便靈活，更適用於維護羅馬奴隸制和社會經濟關係的要求，具有國際法和自然法的性質。

43 文治武功

在羅馬，有一條著名的石板路，這就是帝國大道。這裏最醒目的標誌，就是道路兩旁不同時期的羅馬帝王雕像。在這裏，我看到了羅馬帝國第一任皇帝屋大維的雕像。他用手指指向前方，手勢很特別。這個手勢本身，其實就是至高無上的意思。屋大維身上穿的貼身鎧甲，似乎是古羅馬帝王的標配，因為在帝國大道上，每位羅馬皇帝都是這般裝束。

中國人比較喜歡把皇帝塑造成峨冠博帶、垂拱而治的樣子，可是，很顯然，羅馬人更希望他們的皇帝是一個身披戰袍的英勇戰士。我很好奇，為甚麼羅馬的皇帝個個都是一身戎裝呢？而且我發現，羅馬城中的大多數雕塑，展現出的都是古羅馬濃重的尚武精神。

在羅馬國家博物館，我看到了古羅馬時期的一個著名石棺，上面佈滿了精美的戰爭浮雕。我們可以看到，無論是羅馬的雕塑還是繪畫，表現戰爭主題的作品都特別多。這個石棺，距今已經將近兩千年。石棺上面的浮雕，描繪的是公元 3 世紀羅馬人征服多瑙河下游凱爾特人的場景，展現的是一個宏大的戰爭場面。

在這件石棺浮雕上，我們可以看到士兵的鎧甲，看到吹號的號手，還有抓住蠻族立下戰功的士兵。這個士兵死死地扼住了蠻族的喉嚨，讓俘虜無所遁逃。立下這樣的戰功，或許這個士兵也能夠被提升為百夫長了。從浮雕上還能看到，羅馬士兵年輕、英俊、強壯，而那些俘虜則身處下方，向上仰視羅馬的士兵。由此可以看出，這件浮雕展現的是古羅馬的英雄主義精神。這件文物以鮮活的方式告訴我們，古羅馬人是尚武的戰鬥民族。驍勇善戰的武將，才是他們心中的英雄和偶像。古羅馬的皇帝是軍隊的最高統帥，重大戰役都會御駕親征。在拉丁文中，「皇帝」一詞就是凱旋將軍的意思。所以，在古羅馬人眼中，一身戎裝，才是皇帝最高貴的形象。

那麼，在東方人眼中，最高貴的形象又會是甚麼樣子呢？陝西歷史博物館收藏着一組在西安的唐代墓葬中出土的十二生肖俑，生動有趣，它們擬人化的裝束，告訴了我們上述問題的答案。

這些陶俑穿的衣服，是褒衣博帶。中國古代文官有一個非常明顯的標誌，就是衣袖很長。這是為甚麼呢？因為他的動作要舒緩，要儒雅，要文質彬彬。唐人塑造十二生肖，把那些動物也塑造成了文官的樣子，這說明在中國古人的世界當中，文官的形象才是人們最喜歡的樣子。古人為甚麼對文官的形象情有獨鍾呢？文官又有着怎樣的魅力呢？

這個博物館裏，有我最喜歡的一尊唐代文官俑。這個一千多年前的公務員，峨冠博帶，溫文爾雅，神態極其安詳。作為國家的管理階層，這些文官飽讀詩書，具備較高的文化修養和管理智慧。中國地廣人多，道德高尚而又經驗豐富的文官，更能夠保障國泰民安。所以，足智多謀的文官，一向備受國家重用。而且，中國社會自古以來就一直崇尚文化，滿腹經綸的文官形象，已經逐漸成為文化的象徵和文明的楷模。

從長安和羅馬的雕塑上，我看到的是東西方不同民族重武和崇文的民族性格與歷史文化。不同的文化創造出不同的治國理念，這兩種理念，又塑造出了兩個截然不同的偉大帝國。

帝國大道

帝國大道是羅馬市中心的一條重要街道，兩端分別連接著名的威尼斯廣場和羅馬鬥獸場，寬闊的道路兩旁，集中了古羅馬帝國的很多重要遺跡，包括元老院、廣場、神殿、貞女祠等，還有紀念古羅馬皇帝功績的凱旋門。沿途還有圖拉真廣場、奧古斯都廣場和涅爾瓦廣場。雖然那些古老的建築絕大多數已成斷壁殘垣，但留存下來的樑柱斷牆，還是可以讓人想像出這裏當年的恢宏景象。

十二生肖俑

十二生肖俑是古代人們用來辟邪的鎮墓明器，常見於唐宋墓葬中。十二生肖是十二種與十二地支相配的動物，用以記錄人的生年。南北朝時，民間就開始用生肖俑隨葬，主要作用是辟邪以及為死者的來生祈吉。隋唐至宋代，墓葬中出土的生肖俑比較多。這些生肖俑多為陶質，也有石質或瓷質，有的還有彩繪裝飾，從中可以看出古人對逝者的尊崇以及對神靈的敬畏。

44 不拘一格降人才

早春，爛漫的繁花，將西安這座古城變成了一個花花世界。在千年之前的大唐，這個季節是最讓讀書人激動的，因為科舉考試就要放榜了。

公元798年，也是在這個季節，27歲的白居易高中進士之後，興致勃勃地來到了大雁塔。這座塔裏，隱藏着許多讀書人的祕密。大雁塔的工作人員告訴我，這座塔，是凝聚了一千三百六十七年狀元靈氣的狀元塔。

「狀元」這個詞，源自中國古代的科舉考試。科舉制度開創於隋代，是國家通過考試選拔人才、舉用官員的一項重要制度。盛唐時期，那些科舉中第的學子，都可以把自己的名字刻在當時長安城最高的建築大雁塔上，流芳百世。

工作人員告訴我，大雁塔的上面，有很多明代嘉靖和正德年間的題名碑，其中有一塊碑是非常重要的，因為它的上面有一句話：名題雁塔天地間，第一流人第一等事也。可以說，雁塔題名的意義，就在這一行字裏了。最棒的那些人，做的最得意的一件事，就是雁塔題名。在當時，所

謂「第一流人」，就是能在這裏刻下名字的那些人。無論出身高低貴賤，只要經過寒窗苦讀，通過科舉考試取得功名，他們就可以把名字刻在這裏，入朝為官，光宗耀祖。如今被我們尊為「詩魔」的白居易，也是這樣步入仕途的。在這裏，白居易題寫過「慈恩塔下題名處，十七人中最少年」這樣的詩句。考取功名就是做官的前奏，因為只有中了進士，才能夠做官，所以，這個考試制度，也是在為國家選出眾望所歸的官員。

遺憾的是，白居易當年的題名今天已經看不到了。但是，雁塔題名，卻向我們展現了科舉制的活力。這種選拔制度打破了身份等級的界限，給天下讀書人提供了一個通過公平競爭來改變命運的機會。從這個角度來說，大雁塔就是讀書人的前程之塔，而科舉制也是目前世界上延續時間最長的官吏選拔制度。

中國古代的官員是經過考試層層挑選的，那麼，古羅馬的官員又是怎樣選拔出來的呢？

在羅馬街頭，我們到處都能看見「SPQR」這四個字母，這是甚麼意思呢？這是拉丁語「元老院與羅馬人民」的首字母縮寫，指的就是元老院與

羅馬公民共同構建的羅馬帝國。在著名的古羅馬廣場，還可以看到當年元老院的遺址。這個元老院，除了讓元老們參政議政之外，還有一個重要的職能，就是在這裏選官。

在古羅馬一千多年的歷史中，選拔官員始終是元老院工作中最重要的內容。儘管每個時期的具體程序不盡相同，但有一個模式始終未變，那就是選舉。遺憾的是，我來到元老院遺址的時候，它的內部正在整修，所以，我無法看到這個遺址裏面的樣子。不過，我們能夠想像得到，當年能夠走到裏面的人，都是那個時代的風流人物。在當時的羅馬，競選人必須在軍中服役滿十年，還必須具備出眾的演講能力，以表達自己的政見。過了這兩關，才能取得參加競選的資格。當躊躇滿志的候選人順着帝國大道來到選舉現場時，等待他們的就是公民選舉。此刻，他們的命運掌握在全體公民手中，決定他們前途的，就是公民手中的選票。只有獲得法定票數，才能被元老院任用為官。我眼前看到的那扇威嚴而又高大的青銅門，就是兩千多年前元老院的大門。可以想像，當年走進這扇榮耀之門的人，肩負的是何等莊嚴的使命。對於一個國家來說，選官就是選擇未來，是關乎國運的大事。

前程之塔，命運之門，無論是科舉還是選舉，在實力和民意的考量中，東西方都發明了一套適合本國國情的選官制度。它們承載着人類的政治文明，至今仍深深地影響着人類社會。

🐫 科舉制度

科舉制度是中國古代通過考試選拔官吏的制度。科舉制度創建於隋代，自開創至清代最後一次考試為止，前後經歷一千二百餘年。科舉考試分為地方的鄉試、中央的省試（明、清時稱會試）與殿試。鄉試第一名為解元，中央省試的第一名為省元，殿試第一名為狀元。科舉制度是封建時代所能採取的最公平的人才選拔形式，它擴展了人才的社會層面，在一定程度上改善了封建政治。同時，這種制度對中國周邊的一些國家也產生了很大影響。下方左圖為南京中國科舉博物館內，用蠟像人物複製的應試場景。

🐫 羅馬元老院

羅馬元老院是古羅馬的政權機關，最早出現於王政時代，由貴族長老組成。共和國時期，元老院成員主要是前任國家長官及大奴隸主代表，擁有批准法律條文，批准當選官吏，管理財政、外交、軍事以及實施宗教措施等實權。元老院曾對羅馬共和國的發展做出重要貢獻。帝國時期，權力日益集中於皇帝，元老院失去原來的政治地位，但仍是貴族統治的政治支柱。

45 身份的鬥獸場

在西安碑林博物館裏，有一個不一樣的展廳，走進它，就彷彿走進了古人的生活。這個展廳裏展出的，都是漢墓出土的畫像石，這些石頭看上去，就像是兩千年前的老照片。那麼，我們在這些老照片上能看到些甚麼呢？

畫像磚上出現的人，有趕牛犁地的農民，有乘車騎馬的官員，有手藝人，還有做買賣的人。他們各司其職，安居樂業。我發現，古人在畫像磚上描繪的，其實就是他們心目中的理想社會。這種理想社會，包括了各行各業和諧相處。這種景象，實際上就是當時社會形態的寫照，也就是所謂的「四民分業」。

春秋時期，齊國的宰相管仲將平民以職業劃分為「士農工商」四個階層。百姓們子承父業，世守其職。在中國，「四民分業」從來就不是一種制度，而只是一種職業分工，或者說身份分工。各種職業既相對固定，又能相互轉化。這也就是中國意義上的「四民社會」。而兩千多年前的古羅馬可以說是等級森嚴的，那麼，他們的社會階層又是如何劃分的呢？

著名的古羅馬競技場曾被很多學者比喻為古羅馬社會的縮影，走進這個鬥獸場，我就被它恢宏的氣勢所震撼。所有的遊客都在往下看，想像和感受着當年那些血腥激烈的鬥獸場面。但我的目標卻在上面，一層層的觀眾席，才是我要探尋的重點。我想要做的，是通過鬥獸場的觀眾席來研究古羅馬的社會分層。據說，這個鬥獸場當年能夠容納八九萬名觀眾，但是，坐在哪裏，並不是自己能做主的，以為花高價就能買到貴賓席更是不可能的。這裏的每一層座位都代表一個社會階層，能夠坐在哪裏，與錢沒有關係，而是由身份決定的。

　　古羅馬人的生存和發展，體現在他們的管理智慧上。他們把社會分成貴族、平民和奴隸幾個階層，通過皇帝和元老院分層管理。這種穩固的社會結構，在古羅馬帝國延續了一千多年，整個社會秩序井然，就如同這個堅如磐石的鬥獸場。

　　站在這個龐大的鬥獸場的二樓，對照一下方位圖就能明白，中間類似一對門闕的位置，是屬於皇帝的座位。周邊還有大法官、元老、大祭司等人的座位，處在同一個平面。這一層的上面，是貴族的座位，再往上，就是平民，也就是羅馬公民的座位。最後，在最上面，就是社會地位比較低的婦女、奴僕的位置。所以，在古羅馬鬥獸場裏，不僅有血腥的鬥獸表演，還有用建築表達出來的社會分層。這就是古羅馬一目了然的社會等級結構。

　　今天的人們很難理解古代把人分成三六九等的制度。不過，每個時代都有不同的社會狀況，在當時，無論是中國的四民分業，還是羅馬的等級制，都讓兩個帝國有了更明晰的治理思路，這種管理方式，讓東西方兩大帝國既充滿活力，又穩如磐石。

婦女及奴隸座席

社會平民階層座席

貴族騎士階層座席

皇帝及元老院座席

畫像石

畫像石是雕刻在地下墓室或墓地祠堂四壁的裝飾石刻壁畫，主要出現於漢代。畫像石所屬的建築，絕大多數是喪葬禮制性建築，因此，畫像石在本質上屬於祭祀喪葬藝術。畫像石的內容包括神話傳說、典章制度、風土人情等，在藝術形式上繼承了戰國時代繪畫的古樸之風，奠定了中國畫的基本規範。漢代畫像石是中國古典美術發展的巔峰，對漢代以後的藝術形式產生了深遠的影響。

古羅馬鬥獸場

古羅馬鬥獸場位於意大利羅馬市中心，建於公元72年至公元80年之間，是古羅馬文明的象徵。鬥獸場是古羅馬帝國專供貴族和自由民觀看鬥獸或奴隸角鬥的地方。這座龐大的建築借鑒了古希臘劇場的形態，外觀呈圓形，佔地面積約兩萬平方米，是羅馬帝國規模最大的角鬥場，可容納近九萬名觀眾。古羅馬鬥獸場以雄偉壯觀著稱於世，堪稱建築史上的奇跡。如今，這座鬥獸場雖然只剩下大半個骨架，但依然具有磅礴的氣勢。

46 百工九市

自古以來，中國就是出口大國，「中國製造」這個詞，其實早在千年以前就已經享譽世界。中國人心靈手巧，古代的手工製品不僅精美絕倫，並且受到世界的青睞和追捧。直到今天，那些古老的手藝依然吸引着年輕人的好奇心。在西安的商場裏有很多小巧的手工作坊，在這裏自己動手，親身體驗，已經成為一種新的時尚。

兩千年前，絲綢之路上的各國客商，不遠萬里來到長安，買的就是「中國製造」。作為當時世界上最大的商品出口國，中國工匠的傑作一直供不應求。在古代，人們用「百工九市」來形容手工業種類的繁多和市場的興盛。其實，「百工」最早是指主管營建製造的官職。那麼古時候，國家對於手工業的管理，有着甚麼樣的制度呢？

在西安，我走進了一家皮具店。這家店是一個家族企業，他們希望這個店能夠傳承下去。而在古代的中國，這類的店是必須傳承下去的，因為古代的手工業者都有匠籍，入了這個戶籍之後，就必須父傳子、子傳孫。子承父業的匠籍制，可以說是古代工商管理中最醒目

的特點。這種讓專業人做專業事的制度，在當時有效地促進了手工行業的專精和技藝的傳承。除此之外，古代工匠和今天一樣，必須辦理營業執照，還要把自己的名字刻在產品上，來確保產品質量。

如今，很多顧客走進手工店鋪，都是為了體驗一下製作的樂趣。但是，當年那些手藝人做出的東西可絕對不是做着玩兒的，他們製作的產品是要漂洋過海，出口到古羅馬的。在今天的羅馬，在地中海邊的奧斯蒂亞古城遺址，我們還能看到古羅馬的外貿市場，當年通過海上絲綢之路運過來的貨物，都是在這裏集散的。

與中國恰恰相反，古羅馬是當時世界上最大的進口國。中東和北非的糧食、西班牙的橄欖油、印度的香料、中國的絲綢，都通過航運，被源源不斷地運送到這裏。那麼，這些關乎國計民生的進口物資，又是如何進入羅馬市民生活的呢？

在羅馬城裏，有一個有趣的現象。每逢週末，在街頭巷尾或者廣場馬路，都會定期出現露天集市。這種場景，有點類似中國的趕大集。這種集市貿易，在羅馬已經持續了兩千多年。鮮花市場是羅馬市中心著名的露天集市，在這裏可以體會到古羅馬工商管理的一個側面。

古羅馬的工商管理制度其實並不複雜，主要內容就是收稅。像水果這樣的普通商品，一般收 5% 以下的關稅，而被定義為奢侈品的香料、絲綢等商品，則要徵收 25% 的關稅。除了收稅之外，市場基本不對外商的貿易活動進行過多干涉。在鮮花市場，我發現這裏的商販大多數不是羅馬本地人。從容貌上可以看出，有的商販來自中東，還有的來自南亞。兩千年前的古

羅馬集市大概也是這個樣子，來自不同國家、操着不同口音的商人，構成了奇妙的國際集市。這也是古羅馬工商管理最大的特點——自由，開放。

從長安到羅馬，這兩個當時世界上人口達到百萬的超級都市，在貿易的一出一進中，通過有效的工商管理，帶動和影響了整個世界的商業繁榮。

匠籍

匠籍是指中國古代官府對手工業工匠制定的一種特別戶籍。從唐宋時期開始，手工業的從業者均有冊籍。元代為了便於強制工匠服勞役，將工匠編入專門的匠籍，明代沿襲了元代的匠籍制度。被編入特殊戶籍的工匠社會地位比較低，而且必須世代承襲。清代之後，隨着商品經濟的發展，匠戶逐漸擺脫了與封建國家之間的人身依附關係，匠籍制度也在清順治二年（1645 年）被廢除。

羅馬鮮花廣場

羅馬鮮花廣場位於意大利首都羅馬，毗鄰納沃納廣場，是羅馬唯一沒有教堂的廣場。廣場中心矗立着著名哲學家布魯諾的雕像。1600 年，布魯諾因宣傳日心說而被羅馬教會燒死在這裏。1858 年，鮮花廣場擴建。1869 年以後，這裏除週日外每天都有早市，市場上有販賣蔬菜水果的攤位，還有出售意麵、蜂蜜、香料、紅酒和鮮花的商鋪。如今，鮮花廣場是最具羅馬生活氣息的廣場，在這裏可以體驗到羅馬原汁原味的市集文化。

47 家國情懷

羅馬的夏季，烈日炎炎，幸好這裏的街頭隨處可見噴泉。這些大大小小的噴泉，給人們帶來了陣陣清涼。我發現，羅馬的很多噴泉上都有一個同樣的標誌，就是三隻小蜜蜂。如果我沒猜錯的話，這種標誌應該是族徽。

想了解族徽，就一定要來羅馬的卡比托利歐博物館，因為這裏展示的族徽數量很多，足足掛滿了整面牆。這些外形看起來像盾牌一樣的東西，就是羅馬人的族徽。族徽的圖案各不相同，有的是花，有的是樹，還有的是劍。不同的圖案，代表着不同的家族。

族徽在歐洲已經有上千年的歷史。它最早出現在騎士們的盾牌上，主要用來區分敵我，所以也稱為盾徽，後來這種標誌逐漸演變成了貴族榮耀

與血統的象徵。我沿着這面族徽牆找了好一會兒，終於發現了已經有點模糊的三隻小蜜蜂。這個族徽屬於哪個家族？小蜜蜂又代表了甚麼含義呢？

蒂沃利市文化局局長烏利巴諾‧巴貝里尼先生是意大利家喻戶曉的影星，也是這三隻小蜜蜂的主人，他為我揭開了這個祕密。烏利巴諾告訴我，蜜蜂不僅辛勤工作，生產珍貴的蜂蜜，而且很有智慧，特別善於交流，所以，牠們是非常好的勞動者。原來，這三隻小蜜蜂代表着勤勞和智慧。

巴貝里尼家族是羅馬中世紀有名的貴族，鼎盛時期，家族成員裏甚至出過教皇。羅馬城的很多噴泉都是這個家族修建的，我最早看到小蜜蜂的廣場，就叫巴貝里尼廣場。烏利巴諾告訴我，這些大家族希望得到的不僅僅是財富，他們更希望能為後代留下一些永恆的東西。

蜜蜂家族的故事，讓我對族徽有了更為深刻的理解。事實上，古羅馬的歷史，就是一部家國榮辱與共的故事。行使國家權力的元老院，由 300 個大家族的家長組成，正是由於這 300 個家族與國家的命運緊密相連，風雨同舟，古羅馬帝國才會發展壯大。一枚枚族徽所代表的，就是凝聚力，就是相續傳承。如果說族徽是意大利人家族凝聚力的精神標誌，那麼，中國人的家族凝聚力又從何而來呢？

西安近郊的藍田縣，有一個歷史悠久的大家族——呂氏家族。公元 1076 年，中國歷史上第一部成文鄉約就誕生在這裏。藍田文化學者張效東給我展示了一個寶貝——藍田最古老的《呂氏鄉約》。這本《呂氏鄉約》，就是我要尋找的答案。

張效東告訴我，這本《呂氏鄉約》有四個綱領，第一個是「德業相勸」，第二個是「過失相規」，第三個是「禮俗相交」，第四個是「患難相恤」。其實，《呂氏鄉約》就是中國古代農耕社會凝聚族群和鄉鄰的一種約定俗成的規範。無論大事小事、國事家事，人們都要恪守「仁義禮智信」的原則，幫貧扶弱，除惡揚善。張效東說，在藍田有句俗話：「娶媳婦蓋房，大家幫忙。」其實這也就是鄉約裏說的「婚嫁則借助器用」，也就是說，如果哪家娶媳婦，那麼，鄉鄰的桌椅板凳以及碗筷之類的東西，都可以借給娶媳婦的這戶人家。鄉約中，有關禮儀的規定也很細緻，比如說，「見長者門外下馬」，而且要行拱手禮。可以說，一部鄉約，將「修身、齊家、治國、平天下」的儒家思想，滲透到這裏的每一個家族之中，從中可以看到最基礎的美德生長的過程。從孝親敬老、敦親睦鄰，到興家立業、安邦定國，這正是中國人的家國情懷。

　　家國天下，榮辱與共，是長安與羅馬共同持守的精神準則，也是東西方共同追求的最有溫度的價值觀。

🐫 族徽

族徽也就是家族徽章，是象徵家族的特殊標誌。最早的徽章誕生於 12 世紀的歐洲戰場，主要是為了能從遠處辨別身穿盔甲的騎士的身份，因為主要依靠盾牌上的圖案辨別，所以也稱盾章。不同顏色配上不同圖案，代表着不同的含義，這些徽章往往代表着使用者的身份地位。13 世紀起，歐洲逐漸形成獨特的家族徽章文化，族徽不僅可以用來表明身份，識別領地，還有很高的藝術價值。

🐫 《呂氏鄉約》

《呂氏鄉約》是中國最早的成文鄉約，出現於北宋神宗熙寧九年（1076 年），由陝西藍田的呂氏四兄弟創制。鄉約的四大宗旨是「德業相勸，過失相規，禮俗相交，患難相恤」，集納儒家禮教精華，將先賢文明的結晶化作三千多字的細則，引導和教化民眾尊德行善。《呂氏鄉約》中出現了中國最早的鄉村自治制度，對鄰里和睦、社會穩定做出了巨大貢獻，也對後世的鄉村治理模式產生了極大影響。

48　禮樂與多神

古都西安的街頭，有很多有趣的雕塑。在路邊，我看到了兩個身着古裝的人作揖的雕像。這個雕像很特別，人的臉上沒有五官，所以，你可以把它想像成任何人。他們的動作是中國人非常熟悉的，每一個中國人都會這樣行揖讓之禮。那麼，中國人見面為甚麼要拱手，這個禮儀又是怎麼來的呢？

這裏說到的「禮」，並不單指「禮貌」，而是泛指「禮樂」。在古代，上至國家大事，下到衣食住行、婚喪嫁娶，甚至連建築的形制和格局，都與它有關。「禮樂」，其實是我們的祖先創造出來的一種安邦定國的制度。

在陝西寶雞岐山腳下，周公廟裏的一尊雕像，再現的就是三千多年前為中國創立禮樂制度的人。公元前 1043 年，周王朝剛剛建立不久，周武王就去世了。周武王的弟弟周公攝政，輔佐年幼的周成王。周公面對的是國家動蕩、內亂四起的危局。為了穩固政權，他創造了一種維護社會秩序的制度。令人驚訝的是，這個制度並不是生硬的條文，而是一套用來約束人民行為和道德的禮儀和樂律。它巧妙地讓人們在充滿儀式感的生活中，自覺地維護社會秩序，維護倫理道德。拱手這個動作，就是這套制度中規定的一種見面禮。

在陝西歷史博物館，一些來自三千多年前的青銅器，可以讓我們看到當時的禮樂制度是如何在生活中呈現的。這些青銅器裏，有鼎，有鐘。「鼎」在中國禮儀序列裏是傳國重器。「鐘」就是編鐘，是樂器，也是禮器。在國家舉行的重大儀式上，這些國之重器就是禮樂制度的象徵。周禮規定，不同階層使用的禮器的等級是大不相同的。

這就是中國的禮樂文明。它用器物的形式，把人分成不同的等級，享受不同的待遇，也履行不同的職責。禮分樂和，「禮」是把人和人分開的，而「樂」則是把分開的人再和諧到一起，就像音樂一樣。樂有五音，合起來卻能組成很美的樂章。周王朝的禮樂文明希望達到的就是這樣一個效果，中國人追求的，也就是這樣一個和諧的社會。

三千多年過去了，如今，鐘鳴鼎食的時代早已遠去，周禮中的那些繁文縟節也退出了歷史舞台。但是，禮樂制度中所蘊含的道德倫理觀念，彬

彬有禮的人格修養，卻融入了我們的血脈，世世代代影響和塑造着中國人的生活。

在地球另一端的古羅馬，沒有人為他們制禮作樂，那麼，他們是靠甚麼來建立道德規範和行為準則的呢？我來到羅馬市中心的萬神殿尋找答案。

隨着人流走進殿堂，看着穹頂上的一束天光，我產生了一種精神昇華的奇妙感覺。顧名思義，「萬神」說明神的數量之多。這麼多的神靈，除了能夠保護人們之外，還有另外一個重要的職能。聽說在古羅馬時期，夫妻吵架之後都會來到神殿，向主管調解夫妻矛盾的神傾訴。神殿規定，一人傾訴時，對方不得插話，必須耐心傾聽。在這種規矩的約束之下，雙方都會逐漸冷靜下來，停止爭執。從這種生活細節中不難看出，古羅馬的神不僅是保護神，還可以約束和規範人們的道德和行為。古羅馬人堅信，舉頭三尺有神明。對諸神的敬畏，讓他們自覺地約束自己的行為，實現道德規範。

在東方與西方，無論哪一種道德規範，都是人類在與天地萬物相處的過程中探索出來的精神信仰和行為模式，不同的模式，起到的作用是一樣的，都是讓世界規範有序，和諧共榮。

禮樂

禮樂文化是中華文明的重要組成部分。禮是指各種禮節規範，樂則包括音樂和舞蹈，引申為被音樂喚起的喜怒哀樂的情緒。早在夏商周時期，古代先賢就通過制禮作樂，形成了一套完善的禮樂制度，並推廣為道德倫理上的禮樂教化，用以維護社會秩序上的人倫和諧。孔子和孟子創建以禮樂仁義為核心的儒學文化系統，使得禮樂文化傳承至今。禮樂使人修身養性，謙和有禮，威儀有序，這是中國禮樂文化的內涵與意義所在。

— PART5 —

49 老有所養

每一個來到羅馬的人，都喜歡在台伯河畔欣賞風景迷人的台伯島。我也想去島上轉轉，了解一段鮮為人知的歷史。如今，這個島上有一家醫院。而在古羅馬時期，這裏曾經修建過重要的養老福利機構。西方最早的養老制度是古羅馬人開創的。可是很少有人知道，他們的第一筆養老金是用血肉換來的。

公元前 27 年，戰爭的接連勝利催生了強悍的古羅馬帝國。然而，伴隨着征服的腳步，這個龐大的帝國也面臨一個非常嚴峻的問題，那就是如何安置傷殘士兵和退伍軍人的問題。如果這些人得不到妥善的救助，以後就不會再有人願意走上戰場。對於新生的帝國來說，這是一件關乎士氣和軍心的大事。

公元前 13 年，為了撫恤傷殘老兵，安撫民心，古羅馬帝國頒佈了一項制度，向服役滿 20 年的退伍老兵發放養老金。制度還規定，獲得戰功的軍人能夠分得一片土地，頤養天年。台伯島就是當時傷兵康復的療養福利院。這項福利撫恤制度，是古羅馬社會保障制度的一個重要組成部分。羅馬以戰爭立國，靠戰爭發展，如果那些傷殘軍人沒有得到相應的社會救助，就會成為社會的不安定因素。這套完整的福利制度的設計，對於保證社會長治久安、穩定發展，具有非常重要的意義。當時的古羅馬人並不知道，他

們用來優撫傷殘退伍軍人的福利政策，開創了西方社會養老制度的先河，台伯島就是歷史的見證。

在同一時期，中國也出現了自己的養老制度，但它的起源卻並不是戰爭。

西安博物院珍藏着一件稀世之寶。藏品保管部部長伏海翔帶着我來到庫房，在這裏，我見到了鳩杖首。西安博物院館員楊宏毅告訴我，這件罕見的錯金銀鳩鳥，屬於西漢時期，其實，它是一種拐杖的杖首。在漢代，這種特製的鳩杖被稱為「王杖」，是皇帝專門賜給長壽老人使用的。楊宏毅說，古人有一種觀念，認為鳩是不死之鳥。漢代是以孝治天下的，先是漢宣帝給 80 歲以上的老人賞賜鳩杖，到了漢成帝，又把賜杖的年齡降到 70 歲。朝廷規定，老年人拿着這種王杖，代表了一種身份和權利。

中華民族自古就有敬老孝親的傳統，而鳩杖就是一種傳統的尊老吉祥物。早在西周時期，人們就已經將鳩杖作為禮物饋贈尊長。到了漢代，朝廷正式頒佈了王杖制度，明令規定，古稀以上的老人由國家親賜鳩杖，享有法定的福利待遇，鳩杖從此被賦予了特殊的功能。漢墓出土的《王杖詔令冊》中，曾經詳細地記載了鳩杖的特權：持杖老人出入官府不受限制，經商一律免稅，享受的待遇與「六百石」官吏相同。如果有人毆打欺辱持杖的老人，將以大逆不道之罪論處。這樣看來，這件精美的鳩杖首，其實就相當於漢王朝頒發的老年證。古代孝老愛親的原則，就是通過一件小小的文物踐行出來的。

孝治天下，福澤萬民。一根小小的鳩杖，向我們清晰地展現了中國古

代的老年人權益保障法。從古至今，中國的福利制度一向以敬老為先，這是我們一脈相承、綿延至今的文化底蘊。

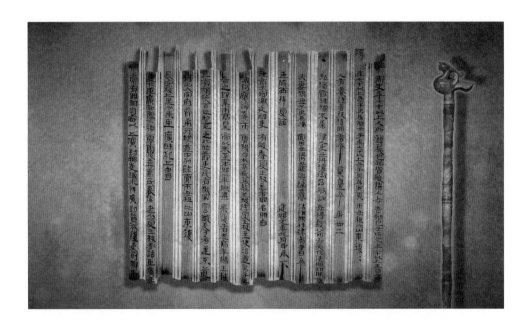

台伯島

台伯島是意大利羅馬台伯河上的一個河中小島，也是台伯河流經羅馬河段唯一的島嶼。這座船形的小島長度大約為 270 米，寬 67 米，兩端古老的法布雷西奧橋與帕拉丁橋將小島與台伯河兩岸相通。長期以來，這座島上的設施一直與康復治療有關。島上曾修建過養老院，後來改建成醫院。此外，島上還有教堂和中世紀的城樓。

鳩杖

鳩杖是一種特殊的手杖，因為手杖的扶手被做成斑鳩鳥的形狀，所以稱為鳩杖。鳩杖一般由帝王賜予老人使用，材質有青銅、木質、玉質等。以鳩杖贈予高齡老者的風俗，從漢代一直延續至明清。手杖自古有之，雅稱「扶老」。「鳩」與「九」諧音，有永久之意，代表長壽。鳩杖在古代社會代表着一種身份與特權，象徵長者不可侵犯的地位，具有尊老養老的文化意義，體現了中國傳統的「孝」文化。

50 放眼天下

　　我特別喜歡研究地圖。在羅馬的博物館裏，那些古老的地圖讓我感到非常驚喜，因為我可以從中看到早期羅馬的樣貌。

　　意大利半島，就像一隻美麗的高跟長靴，而最早的古羅馬，不過是坐落在靴筒上的一個小小的部族。它的周圍強權遍佈，這些強大的勢力就像亞平寧半島上的火山一樣，隨時可能爆發，將弱小的羅馬吞沒。不過，歷史的走向時常出人意料。在夾縫中求生存的古羅馬，最終卻將周邊的板塊塗上了自己的顏色，成為橫跨歐、亞、非的超級大國。這匹黑馬，究竟是怎麼逆襲的呢？

在古羅馬廣場，有三座世界上最古老的凱旋門。羅馬的天下是打出來的，一座座凱旋門，就意味着一次又一次的征服。人們來到凱旋門下，總是能夠感受到它強大的氣場。在我看來，這匹黑馬的成功逆襲，憑藉的絕不僅僅是武力。

回望歷史，我們可以看到，在古羅馬初期，這個腳踏實地的弱小部族，虛心學習古希臘的文化和制度。戰爭失敗時，他們懂得隱忍，總結經驗教訓。在崛起的路上，他們審時度勢，建立聯盟。帝國強盛之後，他們採取先征服、後治理的行省制度，開創了西方世界全新的格局。凱撒大帝有一句名言，就是對古羅馬天下觀最好的詮釋：「我來了，我看見，我征服。」我認為，正是在這種篤定的信念支撐下，古羅馬才始終以征服為己任，突破重重困境，最終成為西方世界的霸主。

在同一歷史時期，中國也進入了強盛的漢唐時代。那麼，當時中國人的天下觀與羅馬人又有哪些不同呢？

我來到了咸陽的乾陵。或許，我們可以在這座氣勢恢宏的皇家陵園裏找到答案。在唐高宗和武則天的陵寢前，矗立着 61 尊石人像。這些石像代表着甚麼人，他們又為甚麼會來到這裏呢？

公元 683 年，唐高宗駕崩，周邊的友好鄰邦紛紛派遣使臣參加葬禮。大唐依照來使的真容雕塑了這組賓王像，再現了歷史上的重要事件。這些殘存的雕像上，至今還能看到那些使臣的名字。穿行在石像中，我彷彿回到了那個萬邦來朝的時代。這個場面見證了大唐在當時世界上的影響力，這種情景，也被描繪在了陵墓的壁畫上。那些來訪的使者中，甚至還能找到古代羅馬人。

在咸陽的唐章懷太子墓，乾陵博物館館長丁偉帶着我參觀了《客使圖》。出現在壁畫中的，有長安人，也有羅馬人。我要找的，就是來自東羅馬的這一位，鷹鈎鼻子和大翻領的服裝，都顯示出他的與眾不同。畫面上還能看到三個客使。可以說，這幅壁畫描繪的就是當時國際交流的場景，這也就是大唐心目中的天下。

中國人的天下觀，可以用一句古語來概括，那就是「文德來遠」。在一千多年前，這種用德行感召天下的胸懷，吸引了各國紛紛前來修好。一時間，各國的使節、留學生和客商雲集長安，造就了萬邦來朝的大唐盛世。

歷史的煙雲早已遠去，大國崛起之路給我們留下了深深的思考。洞悉前路，方知去向。從長安到羅馬，我願意用一句話來結束這段難忘的旅程：相知無遠近，萬里尚為鄰！

《客使圖》與其中的東羅馬使臣

古羅馬凱旋門

凱旋門始創於古羅馬時期，最初是統治者為炫耀自己的戰功而修建的。後來，其他歐洲國家也沿用這種建築形式來紀念戰爭勝利。古羅馬時代共修建了 21 座凱旋門，如今的羅馬城中僅存三座，包括君士坦丁凱旋門、提圖斯凱旋門和塞維魯凱旋門。這幾座凱旋門修建於公元 81 年至 312 年之間，歷經歲月滄桑，依然恢宏壯美，作為古羅馬建築的代表，見證了羅馬帝國的輝煌。

六十一蕃臣像

六十一蕃臣像也稱賓王像，位於陝西咸陽乾陵朱雀門外的東西兩側，包括兩組石人群像。這些石像整齊恭敬地排列於陵前，裝束各不相同。從石像殘存的文字可以看出，這些蕃臣包括參加唐高宗葬禮的外國特使以及僑居長安的外國國王和王子，還有一部分是來自不同民族地區的官員。唐王朝曾經與世界上的很多國家建立過友好關係，這些石像體現出的，正是唐王朝的對外開放與民族團結。

CHANG'AN
MEETS
ROME

《從長安到羅馬》
專家談

《從長安到羅馬》：
相知無遠近，萬里尚為鄰

蒙曼

古人說，讀萬卷書，行萬里路。當年，司馬遷若是未曾南登廬山，北至朔方，東下姑蘇，西瞻岷山，他的歷史認識便不可能如此恢弘通透，他的文章也不可能如此豪宕俊逸，他那彪炳千古的《史記》一定會大打折扣。同樣的道理也適用於我們這個《從長安到羅馬》攝製組。我們的組員們——有歷史學者，有中文教授，有音樂家，有美術家，當然還有導演和攝像，大家雖然在各自的領域都算是術業有專攻，但是，若沒有從西安到羅馬之間長達 6440 公里的奔走、對比、思考與講述，我相信，每個人對絲綢之路的認識，對東西兩大文明的認識也都會有所欠缺。至少，對我本人來講，一定是這樣的。

記得 2018 年秋季開學，我剛剛從羅馬回到北京，給學生講《中國古代史》的課程。我對他們說，中國的早期文明真「土」，土城，土房子，連我們深以為傲的陶器和瓷器都來自於泥土。與之相比，古羅馬就堅硬多了。它的一切都是石頭造的，石頭的路，石頭的宮殿，石頭的市場，當然，還有無處不在的石頭雕像。幾千年過去了，還都硬錚錚地挺立在那裏，在保存的完好程度上遠強於我國同時代的遺跡。乍一對比，真是驚心動魄。可是，行走了幾天之後，我卻得出了一個與之相反的結論：古中國文明基本是自身生長出來的，就像水稻和小麥從地裏生長出來一樣。它生長得不那麼快，但是，它的發展可持續。而古羅馬文明是打出來的，只要停止戰爭，停止從世界各地源源不斷地輸送物資，它的文明就要瓦解。換句話說，我們土，但也韌；

他們硬，但也脆，真是各有千秋。我出身於歷史系，系統學習過西方古代史，在去羅馬之前，還惡補過一段古羅馬史，但是，這個結論是我此前在看書的過程中從未真正清晰理解到的。我對學生說，這就是行走的力量。假如你無法身臨其境，你其實很難設身處地，而不設身處地，就沒有辦法真正了解彼此的異同。所以，我想，這部微紀錄片的第一個功用其實就是設定一個行走的目標，提起一個行走的興趣。在行走之中發現，一方水土養一方人，同時也發現，人又有那麼大的熱情和力量，去親近彼此，乃至隔山隔水永相望。

然而，組織這麼多人力物力去拍攝一部紀錄片，畢竟不是為了我們個人的收穫。我知道，這部紀錄片是要呈現給觀眾的，而呈現，又是另外一種專業技巧。其中，有一個我剛剛開始的時候感覺非常困擾的字──「微」。我們要拍攝一部「微紀錄片」，這個「微」字的具體解釋就是 5 分鐘。5 分鐘一個主題，讓我覺得非常不適。在學校上課，我們的節奏是 45 分鐘一節課，在《百家講壇》講座，時長是 40 分鐘一集，這都是比較相似的體量。可是這一次，我要在 5 分鐘完成一個主題，而且是非常宏大的主題。比如，古中國和古羅馬曆法的對比，古中國和古羅馬人格追求的差異，等等。我相信，這幾乎是學者窮盡一生也研究不透的主題。何況，就這 5 分鐘的時間，我還要行走，還要體驗，還要和意大利的專家交流，而且，往往是用英語磕磕絆絆地交流。不止一次，我幾乎和導演爭吵起來，告訴他，我不同意他的拍攝方法，我們不能把問題這麼簡單化。但是，等到節目剪輯完成，我倒也釋然了。我也罷，我們這個拍攝組也罷，其實是做一個引子，我們真正的功能不是研究，而是引導；不是解釋，而是發現。所以，我相信大家已經看出來了，在每一集的每一個主題中，我們都首先行走，在行走中好奇，在好奇後思考，在思考後詢問，在詢問後，試着給一個初步的回答。我們肯定沒有把每道題都答對，至少沒答完整，

那麼，觀眾朋友們，為甚麼您不去試試，接着我們的話題，做出自己的回答呢？我想，這就是這部「微紀錄片」的意義，也是它不啟用俊男靚女，而是讓我們這些不怎麼上鏡的學者帶大家旅行的意義。

拍紀錄片是一件複雜的事，但拍攝還不是問題的全部。回來之後，我們還要和導演反覆磨合文案，甚至還要為每一句話配音。要知道，在我的印象裏，配音是一種相當專業的工作，我們的聲音，怎能和專業人士相比呢？但是，在這個問題上，我非常欣賞主創方面的設計，畢竟，我們要的不是完美，而是鮮活。我們是一群鮮活的人，來到了兩座充滿活力的城市。無論是西安還是羅馬，都綻放出讓我們嘖嘖稱奇的魅力。我在古羅馬的城市廣場曬傷了眼睛，藥店的老闆想盡辦法給我介紹不同眼藥水的功能；我在西安的大明宮遺址外放了風箏，而那風箏的主人，一位厚道的西安老大爺對我的笨拙真是「哀其不幸，怒其不爭」……那城，那人，那困惑，那感動，那麼多真情實感，不就應該用我們真實的聲音來表達嗎！

幾千年前，一群拉着駱駝的人蹣跚着，走出了一條從長安通向羅馬的道路，這條路若隱若現，卻又始終不絕如縷。今天，這條道路已經成為中西文明交流的康莊大道。我們想和觀眾朋友一起走在大路上，不是「勸君更盡一杯酒，西出陽關無故人」，而是「相知無遠近，萬里尚為鄰」。

《從長安到羅馬》：
用心行走，感受歷史長河慢慢流淌

于賡哲

　　我是紀錄片《從長安到羅馬》出鏡專家之一于賡哲。我所居住的城市西安也就是古代的長安。因此這樣的一個紀錄片對於我來說簡直是感觸良多。從地球的這一端來到了地球的那一端，兩座城市在歷史上曾經通過一條漫長的商貿之路緊緊相連。而現在我們又重新從長安到羅馬，是用心將它走了一遍。

　　羅馬我是第一次來，站在羅馬的市政廳門前，我抬頭遠望，能夠看見三堵新舊不一的牆一字排開同時出現在視野裏，分別是古羅馬時代的、文藝復興時代的和現代的，那一刻似乎時間疊壓閃現，像一個珍珠的串鏈一樣，將歷史串聯，無比美妙，無比悸動，是一輩子難以磨滅的感覺。

　　古老的國家和民族往往都面臨着一個歷史與現實如何協調的問題。歷史有時候是財富，是精神支柱，但歷史有時候也是包袱。羅馬的一切令人尋味。在羅馬的街頭，我看見那些二戰時期的遺跡甚至是意大利「黑歷史」的遺跡保留如初。詢問意大利人，為甚麼這些東西還可以保留到現在？意大利人回答說：這就是歷史，不管好還是壞，它就是歷史。所以我們把它留到了現在，這樣一種對待歷史的態度，耐人尋味。也許拿得起放得下也是一種對待歷史的態度。

　　走過五月花廣場，看着布魯諾受難的紀念碑，又走到梵蒂岡，看着川流不息各色人種和微笑如花的修女導遊，你能感受到意大利對自己的歷史的坦然、反思與包容，歷史可以給人們提供文化底蘊，但是歷史不應該成為人們前進的

包袱。意大利人尋求量變，也尋求質變，羅馬帝國的興起、基督教文明的一統、文藝復興、對教會歷史的反思均發生在這裏，亞平寧半島這隻靴子在不斷攀登，不斷「揚棄」，在歷史的長河當中找到契合現代社會的積極因素，回頭看，但是又不是兩步退一步。這也許是意大利人豁達的世界觀的展現。

中國與意大利有着同樣長久的歷史，感受這種文化需要不同的維度。拍攝的過程也是觀察的過程，兩個古老的國家在歷史上曾經只是模糊知道對方的存在，雖然有絲綢之路的串通，但這條商路更多的是輾轉的貿易，兩國之間缺乏廣泛深入的溝通，但是兩國在極大的差異之外也有着那麼多的共同點，最令人感觸的也許就是我所從事的社會生活史，歷史深厚的民族似乎都喜歡生活的滋味，都喜歡生活的儀式感：中國人的酒與意大利人的酒、中國人的茶與意大利人的咖啡、中國人的戲曲與意大利人的歌劇、長安的油潑麵與意大利麵、蹴鞠與足球……

可能時間是兩個民族共同的塑造者，古老的民族閱盡人間春色之後，也許最愜意的就是自己與時間之間的消磨。從長安到羅馬這個拍攝的過程對我來說也是耳目一新的體驗，原因很簡單，因為我在大學上課，我也曾經登過電視講壇，但是像這樣的實景的紀錄片我也是第一次嘗試，而且在這裏才能充分領悟到那句話：「讀萬卷書，行萬里路」，走到古羅馬廣場，走到鬥獸場，走到萬神殿，你才能夠由衷地感受到那種攝人心魄的歷史現實感；走在大明宮，走在華清池，你才能夠切身地感受到那種歷史與我們今人的關聯。我願意用我們的腳，用我們的眼去幫助您看着世界。而且這部短小精悍的紀錄片也非常適合現代觀眾的閱讀觀看習慣，精美華麗、富有知識性，一個個場景就是吉光片羽。喜歡歷史，喜歡那種歷史長河慢慢流淌的感覺的人，也許最適合走一走「從長安到羅馬」這條路。

《從長安到羅馬》：
跨越千年的時尚經典

楊冬江

　　絲綢之路的發展史也是一部東西方文化交流的時尚史。在中意兩國建交 50 週年之際，本人有幸參與到《從長安到羅馬》第二季「時尚設計」系列的拍攝當中，與攝製組一起聚焦「絲綢之路」地理概念上源頭和終端的兩座城市：長安和羅馬。一東一西，一始一終，以「雙城記」的視角，從一個一個經典時尚設計的案例中，探索絲綢之路上承載的文化與交融，揭示東西方設計理念的「同」與「不同」，思考時尚的社會屬性及其品味，致敬傳統手工藝者堅守的工匠精神，發現科技與時尚結合的創新設計，感悟前人無窮的智慧和時尚無盡的魅力。

作為一種文化傳承與交融的時尚

　　在絲綢之路悠久的歷史長河中，「時尚」在中國與外部世界的文化交流中扮演着極為重要的角色。從唐代永泰公主墓裏斑駁的壁畫中，我們可以感受到當時大唐的宮廷生活以及當時的風尚。正是這種代表着中華文明絕代風華的東方時尚，不僅讓日本、東南亞許多國家爭相效仿，還隨着一條絲綢之路傳播四海，讓古羅馬人和西方世界為之着迷。與此同時，我們也可以看到，來自波斯和地中海沿岸的各種琉璃餐具在唐代宮廷深受青睞。這些晶瑩剔透、充滿異域色彩的琉璃器皿，映射出東西方文明交流的獨特寓意。

　　時至今日，中國元素仍在西方的時尚設計中被廣泛應用。在「時尚設計」系列當中，大家可以看到一對意大利母女設計師大膽提煉中國大唐服飾的樣

式、花色等元素，設計出既有濃郁的東方風韻、又不失意大利宮廷獨有氣質和風格的時裝。與此同時，西方文化也融入中國的時尚設計與創新之中，中國的設計師結合中西方的特點，將傳統的中國元素轉換成一種現代語言，所設計出的作品充滿着和諧的味道、獨特的創造力。這種相互影響和滲透的時尚，見證着東西方文化的互補與交融。

東西方文化傳統下的時尚設計理念

東西方美學觀的發展路徑自誕生之初便存在較大的差異，這種不同也體現在他們對於時尚造型的設計上。意大利人對化妝的理解是一種立體的造型關係。他們的化妝術起源于古羅馬時期，受古希臘繪畫美學和造型藝術的影響，歷來注重五官輪廓的塑造。為了加強立體的美感，他們發明了色系豐富的色粉、腮紅、眼影等，用不同的顏色在臉部表現明暗效果，就像畫家畫畫一樣，有陰影和高光。與西方人追求立體自然不同，唐人注重的是平面上的視覺衝擊，用豔麗的色彩反差描繪出了一個精緻華美的世界，如貼花鈿、塗脣脂、點面靨、描斜紅，不僅增加了女子的嫵媚，還傳遞着大唐盛世的文化信息。

同時，東西方各有所長的家居傳統也孕育出不同形制的室內空間設計文化，尤其是對「廳堂」這一獨特空間的陳設和佈局。傳統的西方廳堂（客廳和餐廳）其實也包含着實用主義設計的理念。客廳最主要的設計思路是多功能，而作為意大利家庭最重要社交空間的餐廳，在設計上則更傾向於對功能需求的滿足。反觀中國的傳統住宅，廳堂永遠是地位最高的室內空間，其佈局設計也最為講究和嚴格。它講求中軸對稱、左右一致，體現出家庭內部長幼有別、疏密有度的秩序感，突顯傳統的禮儀觀念。

時尚的社會階層與文化品味

德國社會學家齊美爾在其著作《時尚的哲學》中，賦予「時尚」強烈

的社會等級性，他認為，時尚是階級分野的產物，僅僅影響較高的社會階層，而一旦較低的社會階層開始挪用他們的風格，那麼較高的社會階層就會從這種時尚中轉移而去採用一種新的時尚，以使他們自己與廣大的社會大眾區別開來。

依照齊美爾的觀點，時尚可以作為區別社會階層的判斷標準，它彰顯的是較高社會階層群體的文化品味。早在古羅馬時期，意大利人就用藝術的手法製作精美的餐具，以顯示自身的財富和品味。當今世界，最頂尖的奢侈品牌很多都是由意大利人創造的。在「時尚設計」系列當中，我們來到羅馬的絕美地標孔多蒂街，在這條古老建築與當代時尚交匯的街道裏，彙聚着世界最頂級的奢侈品，這些精美的物品，源於意大利人對於精緻生活與藝術品位的追求。

時尚的這種社會屬性在中國的皇室貴族中也體現得較為明顯。在唐代的宮廷，金銀器專供皇家和貴族使用，其優雅的造型和紋飾設計，富麗堂皇的氣質，吉祥安康的寓意，都代表着當時中國餐具文化的最高水平。唐代皇室使用的瓷具也十分考究，陝西法門寺出土的祕色瓷，其造型設計高雅簡約，線條優美流暢、富有節奏韻律，是我們迄今唯一能夠看到的唐代皇家用瓷。

快時尚潮流下堅守的工匠精神

在現代社會，時尚總是和「快」聯繫在一起，因為當一種時尚廣泛流行、被大眾接受後，它就不再是時尚了。時尚自身的不斷發展壯大也意味着它正在逐漸走向消亡。尤其是在高速發展的工業化時代，時尚成為一種快速更新反覆運算的潮流。但對於品質的更高追求，卻讓我們倍加珍惜「慢工出細活」的手工匠人世代堅守的工匠精神。

羅馬的匠人們所堅守的工匠精神，是對傳統的保留和繼承。幾個世紀以來，意大利人的手工皮具一直以「用料考究、做工精良」著稱，這門手藝是他們引以為傲的傳統。系列片中，我們走進羅馬街頭的一家百年老店，可以看到一位八十幾歲高齡的老先生像創造一件藝術品一樣加工着一件皮具，他們家族已有四代傳承，從他們手中製作出來的物件，往往需要經歷幾十種工藝、上百道工序的反覆打磨。這樣一針一線製造出來的品質，不是瞬間能夠生產無數商品的機械流水線可以比擬的。

　　傳承千百年的陝西藍田的玉雕工藝，則與西方工匠的堅持略有不同。在這裏，現代化的設備代替傳統的刻刀而廣泛運用於玉石雕刻。在工匠們看來，玉雕工藝上真正需要堅守的，並非是工具的一成不變，而是理念和手法的傳統精髓，以及傳統工藝對於美的塑造。對他們來說，只有守住了傳統設計的藝術思考，守住了精神內涵，才算是守住了根魂。

科技高速發展下的時尚創新

　　科技的發展為時尚的創新提供了絕佳的條件，縱觀人類每一次技術突破，無不誕生出全新的時尚設計。例如，新型塑膠技術的發展，使塑膠具有強烈的可塑性，從而超越其他材料，能夠完成之前無法製作的新奇造型。系列片中，我們可以看到意大利卡特爾設計博物館中由塑膠製成的「路易幽靈椅」，它是全世界第一把一次成型的全透明椅子，它從 2002 年誕生以來就風靡全球。

　　由科技發展而帶動的時尚創新，推動着各行各業的發展，尤其是汽車行業。意大利是當代獨樹一幟的汽車王國，意大利人在汽車的各個發展階段，都創造出一種獨特的設計語言和時尚文化。當現代汽車起步時，他們就把從古羅馬時代傳承而來的、馬車的減震與轉向技術融入了設計中，大大提升了早期汽車的舒適度和操控感。而當科技突飛猛進、動力技術不斷

提升時，他們更是用新穎前衛的造型設計重新定義了人們眼中的速度機器，掀起了勢不可擋的跑車風尚。意大利人一路走來的發展經驗值得我們借鑒。在中國汽車的發展歷程中，最知名的意大利合作設計師首推被譽為「世紀設計大師」的喬治亞羅。從 1983 年中國的第一款合資轎車「桑塔納」，到 2018 年驚豔世界的中國高科技概念跑車「至仁」，我們總能看到他的身影。

隨着經濟全球化的日益加深以及資訊技術、人工智慧的高速發展，為時尚設計帶來了全新的變革。在這樣一個重要的歷史節點，中國設計師並不只是堅守着對於傳統的繼承和發展，他們已開始更加主動地融入到全球時尚設計的發展進程當中，並彰顯出了獨具東方特色的時尚美學和設計智慧，時尚設計領域的「中國時代」已悄然拉開帷幕……

《從長安到羅馬》：
一部「一帶一路」題材的精品紀錄片

何茂春

百集微紀錄片《從長安到羅馬》，是中央廣播電視總台與意大利國際合作的一個非常好的典範，具有很高的文化歷史價值和藝術性，是一部關於「一帶一路」題材的紀錄片精品。

應當說，自「一帶一路」倡議提出以來，在中外媒體合作共同表現「一帶一路」文化、歷史各個領域的影視項目中，《從長安到羅馬》是第一部，也是迄今為止內容和容量最大的一部大型紀錄片，中外合作雙方都投入了巨大的人力、物力。

《從長安到羅馬》的策劃是非常成功的，從目前來看，「一帶一路」倡議提出的六年多來，中國與相關國家共同合作打造東西方文化比較的片子，是一種非常寶貴的探索。這部紀錄片的策劃角度十分新穎，它超越時空，將不同的文化、不同的社會體制、不同的意識形態、不同的價值體系放在「一帶一路」的語境下，用文明互鑒的方式講述了一個人類歷史文化的偉大故事，這是它獨特的價值。

這部紀錄片之所以能夠成功，首先應當歸功於策劃班子高度的思想文化責任感，同時也要歸功於非常有戰鬥力的編導主創團隊。在參與拍攝的過程當中，無論是在西安，還是在羅馬，我看到了趙偉東導演還有央視的編導們辛勤的勞動和工作，看到了許多令人感動的場景，整個拍攝團隊在

工作中不分晝夜、不分嚴寒酷暑，非常投入，他們這種頑強的拚搏精神、精益求精的敬業精神以及團隊每個人的犧牲精神，給我留下了很深的印象。

這部鴻篇巨作之所以能夠在很短的時間之內順利完成，得益於領導的高度重視、策劃班底嚴謹求實的工作作風和編導攝製團隊的專業能力，拍攝中的每一個細節安排都很到位、各個方面的溝通都非常有效，作為參與策劃、參加現場拍攝的受邀專家，我在這裏面學到了很多的寶貴知識，受益匪淺。

從我這個跨行業的外行人對這部片子的角度來看，製作一部非常優秀的紀錄片，離不開大家的團結和努力，要協調方方面面，對於攝製組和參與專家來說，是一件非常不容易的事情，中外合作更不容易，需要極大的耐心和克服困難的能力。同時，完成這樣一個龐大而複雜的項目，需要面對很大的風險和諸多挑戰，在策劃和拍攝過程中，無論是早期對項目的選題論證方面，還是到後來中國跟意大利的國家合作層面，都出現了一些令人意想不到的重大變化，如何根據形勢的變化，迅速及時地做出恰當的調整，對於策劃和主創團隊來說，都是巨大的挑戰。攝製組在這個方面的應變能力、寫作能力，以及在很短的時間之內能夠出成果的執行能力，都讓我感到非常震驚。

在中國攝製團隊與意大利團隊的合作過程當中，我看到雙方反覆不斷地磨合、互相理解、相互包容，同時也在互相學習和借鑒，這讓我十分感慨：不僅在古代，不同文化、文明之間的合作融合不容易，在今天也同樣不容易。但是我也看到，只要大家求同存異、互敬互讓，任何困難都是能夠克服的。這部紀錄片的成功又一次證明，世界文明可以走向

融合、走向聯合，人類的大同和共通是一定能夠建立起來的。

　　紀錄片《從長安到羅馬》之所以能夠獲得成功，就是因為大家的精誠合作，這種合作有一個共同的前提，就是大家對這部紀錄片的熱愛、以及對中外文明共同的探究精神。無論是中國國際電視總公司的老總、製片組，還是團隊的策劃、編導、攝影、技術，大家都在追求卓越，正是由於整個製作團隊鍥而不捨、精益求精的工作態度，方方面面默契的配合，才完成了這個看似不可能完成的艱巨任務。

　　其實，作為一名出鏡露臉的專家，在西安拍攝了幾天，在羅馬拍攝了幾天，我個人參與的時間是有限的。不過，就是在這個很短的時間之內，我也感受到了相互配合、相互尊重的重要性。我看到，在我參與的前期拍攝、後期配音的工作中，每一個環節，每一個鏈條，都離不開各方面的努力和配合。雖然時間短暫，但也讓我深受啟發，我發現不同的文明就是我們各自不同的行業和職業，我們也要相互尊重、相互學習，只有這樣，我們才能夠把一件事情在很短的時間之內做得非常完美。

《從長安到羅馬》：
從順利愉快到非常之觀

于鍾華

　　在我有限的幾次拍片經歷中，《從長安到羅馬》是最為順利愉快的一次。之所以這麼說，是因為在拍攝前，內容的確定和寫作都極不順利。

　　我是美術系列 10 集的嘉賓，儘管曾在學校講授中西方美術史，應該說對中西方的文化和美術知識有着一定的積累和研究，但真正將兩者並置一起分門別類進行比較，並用通俗易懂的語言呈現時，立馬便顯出思考的不夠和語言的乏力。但恰是沒有既定框架式的現成結論，在一系列激烈的爭吵辯論中，中西方藝術的差異才得以如其所是地顯現出來。最為讓我興奮、甚至醉心之處猶在於在數次的碰撞、反思、爭辯、回視、還原後，雕塑這一藝術門類得以從一個既定視覺的固有作品模態，被強行「循名責實」而回到何以命名的雕和塑之本義，進而由此得出：西方的雕塑重人體，中國的雕塑是文字。如此這般將遍佈中華大地山川河流的文字石刻、摩崖題刻、造像碑版作為整體（不僅僅是文字）納入中國的雕塑史。

　　由於拍攝前得力而充分的準備工作，所以一旦開機自然是順利得有點「快馬輕衫來一抹」的感覺。

　　拍攝愉快的原因，不得不說到總導演趙偉東先生。這次拍片，可能是天意吧，讓我幸運得一塌糊塗。趙導是總導演，但同時又是美術系列的導演，更巧合的是他本人恰是美術專業本科、研究生出身的專家大腕。其實，

267

到現在我也沒弄清楚他是不是兼任了美術系列的分導演，幾乎每一集每一鏡頭都是他親自思考、選擇、設計、拍攝的。他對美術有着近乎痴迷的瘋狂，我有時懷疑會不會是因為他對美術的迷戀而強行把分導演給「擠走」了。事實上，他既是導演，又是編劇，還是攝像，反正只要一碰到美術，別人想碰也不能碰，那份霸道中滿滿的是對藝術的熱愛！

由於我的名不見經傳，當中央廣播電視總台確定我來做美術系列的嘉賓時，我估摸着趙導肯定在業內打聽過我這個寂寂無名之輩，實在不放心，三番五次，五次三番的電話後，在一天晚上乘夜幕飛抵杭州，對我進行了近三個小時的「考核」，然後一拍桌子說：「我放心了！」隨即於次日凌晨飛返北京。

和這樣的導演合作，那叫一個通透，爽氣，愉快而美好！

拍攝的花絮、奇妙的現象，多了去了。比如意大利的大蚊子，個頭比咱們國產的花蚊子大至少一倍，各位嘉賓老師，包括大名鼎鼎，嬌小得讓人憐愛的蒙曼老師，都被咬得苦不堪言。而七八月份羅馬的大太陽，曬得本可冒充歐洲白人的趙偉東總導演，像是從非洲過來的，當我在羅馬第一眼看到他時，硬是沒有認出來。於是，一時之間，防曬霜、防叮藥是劇組的熱詞。我說這些，是因為我到羅馬的當天，大太陽就不見了，而大蚊子也死活不咬我。西安拍乾陵那天，我們是下午出發的，風雨交加，冷得我臨時半路去買了件小棉襖。結果，我一路祈禱過去，臨近乾陵，太陽當空，周邊祥雲滿天散開，像一隻碩大無際的鳳凰在我們頭頂展開，而那太陽正是鳳凰的眼睛。一路走到高宗碑處，則白雲鱗次而聚，綿延伸展，映日視之，

整一條金龍翱翔蒼穹。夕陽西下，東方則又月亮升起，日月同輝，劇組人唯有驚奇讚歎！

世上多奇偉瑰怪非常之觀，唯有緣者得之。有緣者乃真愛者、深入者，方能見東西方文化藝術之瑰麗！有緣者乃虔誠者、恭敬者，世間奇異景象才會向你顯現！

世界的大門

桂多·巴羅擇提 / 意大利國家電視台主持人

世界應當是這樣，一扇門為你打開，另一扇門又在前方招手。每推開一扇門，就是相遇和訴說相遇的時刻。

一天午後，在半圓廣場，一位遠道而來的東方來賓想要講述羅馬，向世人講述羅馬給世界帶來的諸多回憶和美好。在共和國廣場上，勝利之鷹甦醒過來，它曾經是統治整個地中海地區帝國的權力象徵。在數個世紀中，這個帝國孕育了像神聖羅馬帝國這樣的普世主義，以及對無上權力的極度渴望。維吉爾的詩篇再度迴響。《埃涅阿斯紀》，這部偉大的史詩，記載了羅馬最初的統帥及其使命。在特洛伊滅亡之後，埃涅阿斯一路輾轉。最終，他在台伯河口靠岸，開啟了偉大羅馬的序篇。拉丁文學王冠上的詩人交織浮現。卡圖盧斯永不滿足的愛，奧維德的愛的藝術，賀拉斯的遊絲飛絮紛至沓來。那一刻，過往雲煙似乎因相遇而重生。深藏在每個人心底的豐富情感，跨越萬里之隔，在此刻顯露無疑，相互碰撞。

在那樣一個午後，一座羅馬的廣場，點燃了共用與理解的火花。這是文明的火花，超越時空，讓我們相知。

為了更加相愛

保羅・卡里諾 / 意大利國家電影學院導演，漢學家

　　我並非出生在羅馬。30 年前，我從意大利南部的那不勒斯來到羅馬學習中國語言和文化。對一個外省人來說，羅馬猶如月亮，是照亮一生的目的地。在 1980 年，羅馬到西安的距離，就像地球到月球的距離，相距幾百萬公里。幾個月後，我終於如願以償來到中國。身為意大利人，我不得不承認，在我心中，天平曾倒向永恆之城。身為二十來歲的年輕人，我想，我們屬於兩個非常遙遠的世界，很難在一起。而那時我沒有想到的是，我們的先人早在兩千年前就認識了，彼此欣賞，而且早就意識到了對方的文治與武功。

　　回首往事，那位 20 歲的懵懂小伙彷彿就在昨天，而如今 40 年過去，已有數以億計的中國遊客來到羅馬，踏上古老的街道，欣賞她的壯美。人類能夠完成無法想像的事業，科技進步消除了空間的隔閡。如今，我們在這裏，向天子的後人講述羅馬，向西塞羅的後裔講述西安。對我來說，能夠參與《從長安到羅馬》，就像在中意友誼之路上，鋪就另外一塊小石頭，這是讓我們彼此更加相愛的方式。因為，惟有相知，才有真愛。

從長安到羅馬（第二季）

中央廣播電視總台 中國國際電視總公司 編著

責任編輯　楊　歌
裝幀設計　吳丹娜
排　　版　吳丹娜
印　　務　劉漢舉

出版
中華教育
香港北角英皇道四九九號北角工業大廈一樓 B
電話：（852）2137 2338　傳真：（852）2713 8202
電子郵件：info@chunghwabook.com.hk
網址：http://www.chunghwabook.com.hk

發行
香港聯合書刊物流有限公司
香港新界荃灣德士古道 220-248 號樓
荃灣工業中心 16 樓
電話：（852）2150 2100　傳真：（852）2407 3062
電子郵件：info@suplogistics.com.hk

印刷
美雅印刷製本有限公司
香港觀塘榮業街六號海濱工業大廈四樓 A 室

版次
2022 年 10 月第 1 版第 1 次印刷
©2022 中華教育

規格
16 開（170mm×230mm）

ISBN
978-988-8808-43-4